威科夫 2.0
——市场结构、成交量分布与订单流

〔西班牙〕鲁本·维拉赫莫萨·查韦斯 著

张嘉正 译

地震出版社
Seismological Press

图书在版编目（CIP）数据

威科夫 2.0：市场结构、成交量分布与订单流 /（西）鲁本•维拉赫莫萨•查韦斯著；张嘉正译. —北京：地震出版社，2023.10
ISBN 978-7-5028-5576-5

Ⅰ. ①威⋯ Ⅱ. ①鲁⋯②张⋯ Ⅲ. ①股票交易 Ⅳ. ①F830.91

中国版本图书馆CIP数据核字（2023）第161282号

Wyckoff 2.0: Structures, Volume Profile and Order Flow
ISBN: 978-84-09-40254-0
Copyright © Rubén Villahermosa Chaves, 2022. All rights reserved.
This translation published under license.Simplified Chinese Translation Copyright © 2023 by Seismological Press. Authorized translation from the English language edition, Published by Rubén Villahermosa Chaves. No part of this book may be reproduced in any form without the written permission of the original copyrights holder.

本书中文简体字版专有翻译出版权由 Rubén Villahermosa Chaves 授予地震出版社。未经许可，不得以任何手段和形式复制或抄袭本书内容。

著作权合同登记　图字：01-2023-3349
地震版　XM5464/F（6410）

威科夫 2.0——市场结构、成交量分布与订单流

〔西班牙〕鲁本•维拉赫莫萨•查韦斯　著
张嘉正　译

责任编辑：张　轶
责任校对：凌　樱

出版发行：**地震出版社**

北京市海淀区民族大学南路9号　　邮编：100081
发行部：68423031　68467993　　传真：88421706
总编室：68462709　68423029　　传真：68455221
http://seismologicalpress.com

经销：全国各地新华书店
印刷：大厂回族自治县德诚印刷有限公司

版（印）次：2023年10月第一版　2023年10月第一次印刷
开本：787×1092　1/16
字数：135千字
印张：10.5
书号：ISBN 978-7-5028-5576-5
定价：198.00元

版权所有　翻印必究

（图书出现印装问题，本社负责调换）

序

投资与交易是一项职业化的工作，近一百年来，整个投资交易市场发生了翻天覆地的变化，但交易的基础框架是没有变的，即威科夫的结构分析法。威科夫理论是对道氏理论的完善、扩展，是经过市场不断地检验、让广大交易者受益匪浅的经典理论。本书基于威科夫理论，结合了近20年来最先进的市场分析工具：订单流足迹图、成交量分布等，力求科学严谨地解读市场。

如今，科学技术飞速发展，交易工具日新月异，要想让每个投资者都享受到金融科技发展的成果，就要有系统化的知识作为指导。我相信，在中国，无论是专业机构投资者，还是广大中小投资者，抑或是金融教育系统人员，都需要专业的交易知识来指导自己的学习与投资，因为交易的逻辑是普适的——所有的交易者都要学会相同的概念。遗憾的是长期以来世界不同地区的交易理论很难打通桥梁，希望读者能从这本书中有所收获！

鲁本·维拉赫莫萨·查尔斯

前　言

介绍

这本书是对我先前内容与理论的延续，《初学者交易与投资》介绍了初学者需要的基本概念；《威科夫深度方法论》详细描述了如何利用威科夫理论作为交易工具在金融市场中遨游。

本书中，我们将介绍更加复杂的概念，结合成交量数据分析的新工具：成交量分布与订单流，对金融市场进行全面、系统的分析。

我建议大家在学习这本书之前，先去了解我之前的几本书中提到概念，否则，会遇到一些理解上的困难。

本书适用人群

这本书的内容新颖且较为复杂，是为经验丰富的投资人与交易员而编著的，他们想在交易中采取定量分析：通过研究领先的量价分析工具——成交量分布与订单流解读市场。

这种方法的普适性使得所有交易级别的交易者(短期、中期和长期)都可以使用它。短线交易者可能会受益更多，因为现在的研究发现，短期市场存在效率低下的问题。

什么是威科夫2.0？为什么你需要这些知识？

时至今日，大家一定都经历过各类交易方法带来的挫折，如指标、传统图表理论等，这些方法的开拓者都声称自己有神奇的作用，我们都经历过这些。对成功交易的不懈追求是所有交易者的共同目标，尽管只有少数人成功摆脱了传统的方法。但是在学习了威科夫方法之后，我们就已经迈出了成功的第一步。

威科夫2.0是威科夫交易理论的进化。它结合了技术分析中两个重要的概念：最优价格分析和最优成交量分析。

在这本书中，我们将更为深入地了解金融市场的交易过程。很少有人知道金融市场运行的另一面，即决定每一个价格波动的理论依据。

选择本书的原因

我很自信这本书是独一无二的。即使在众多昂贵的交易课程中，我们也很难找到这样系统的内容。我们将学习和使用为专业投资者打造的工具。

本书是一套完整的理论体系，它将让我们的交易方法更专业化，能够预判完善和准确的交易场景，使我们获得更好的交易机会。

我们将学到什么

通过研究高级图形技术，本书将带来一个技术分析的全新维度。

本书所介绍的复杂交易工具在社区中还没有被广泛传播，而且掌握这些内容无疑会提高我们的交易水平，为我们带来更好的交易回报。

需要强调的是，这些工具的开发是基于市场底层逻辑，而且包含对市场本质更深层次的理解。我们将从一个更复杂但也更客观的角度来评估市场中的供求关系。

本书的内容如下：

● 第一部分涵盖了金融市场的高级知识：当前交易市场生态系统。电子化的交易市场已经改变了传统交易者参与市场的方式，为不同交易者进入市场铺平了道路。本章描述了当今市场演变的背景，拓宽我们的视角，并评估这些因素融入日常交易中的难度。

● 第二部分深入探讨成交量的重要性。这里从拍卖理论引出了主导价格波动的一般框架，并解释了供求关系。它将解释订单撮合过程中的每个细节，以便我们理解订单流等高级工具的性质。

● 第三部分全面介绍成交量分布工具。这部分讲述了成交量分布的基本原理、构成、类型和形式，并介绍了这个工具最重要的用途。毫无疑问，这是本书关键部分之一。

● 第四部分涵盖了与订单流相关的一系列内容。能在这里寻找到订单撮合机制一系列问题的答案，在理解交易机制后，我们可以客观地应用这个工具，并了解订单流的本质，以及如何使用日内交易的订单流交易模式。

● 第五部分讲述了威科夫2.0及其应用方法。我们将发现结构分析与成交量分布之间的协同机制，以及如何利用这种机制获得高胜率的交易机会。最后一节介绍了一些资金管理方法，以供经验丰富的交易员应用。

与之前相同，我想再次强调保持低期望值和遵循常识的重要性。无论是这本书，还是其他的任何课程、研讨会或专业训练，都不能保证我们成为一个成功的交易员或投资者。这是一条需要大量知识和经验才能成功的道路。第一步，持续的学习，我们将在这本书中找到更高级的交易内容，更接近于实现目标。即使已经获得了这些知识也还不够，我们仍然需要经验。因此，交易的道路没有任何捷径，只有屏幕前的专注、热爱和付出，才能在某个时刻看到市场真正的美妙之处。祝你旅途好运。

目 录

1. 当前交易市场生态系统 ······ 1
- 1.1 金融市场参与者类型 ······ 1
- 1.2 电子交易市场 ······ 4
- 1.3 场外交易市场 ······ 8
- 1.4 暗池 ······ 9
- 1.5 随机论与决定论 ······ 12
- 1.6 价格与成交量 ······ 14
- 1.7 扩散理论 ······ 16

2. 成交量的重要性 ······ 19
- 2.1 市场拍卖理论 ······ 20
- 2.2 供应与需求的原则 ······ 25
- 2.3 订单的种类 ······ 31
- 2.4 高级图形类型 ······ 33
- 2.5 成交量分析工具 ······ 36
- 2.6 理解订单撮合机制 ······ 41

3. 成交量分布 ······ 49
- 3.1 拍卖理论与成交量分布 ······ 49
- 3.2 成交量分布的组成 ······ 50
- 3.3 成交量分布的类型 ······ 58
- 3.4 垂直和水平成交量的不同 ······ 62
- 3.5 成交量分布与市场分布 ······ 64
- 3.6 成交量分布的形状 ······ 66
- 3.7 成交量分布的应用 ······ 70
- 3.8 关于价值区域的交易原则 ······ 85

4.订单流 93
    4.1   解读足迹图 93
    4.2   失衡 94
    4.3   变盘模式 95
    4.4   延续模式 101
    4.5   分形 104

5.威科夫2.0 107
    5.1   市场背景分析 110
    5.2   确定交易区域与关键价位 116
    5.3   走势预判 120
    5.4   交易管理 123
    5.5   高级交易管理理念 132

6.案例研究 141
    6.1   欧元/美元 141
    6.2   英镑/美元 143
    6.3   迷你标普期货合约 145
    6.4   美元/加元 148
    6.5   英镑/美元 150
    6.6   欧元/美元 152

译者后记 155

1. 当前交易市场生态系统

当前市场在经历一种"范式转变"①，在短短几年内，由于技术的进步，以手动交易和主观交易为主的市场逐渐发展成主观交易、自动化交易与量化交易并存的市场。而技术的进步促使市场产生了新的投资市场、投资品种、交易方式以及更多的投资者。同时也使投资者参与市场的门槛降低。

大多数交易者的损失并不是偶然的，整个金融市场里，参与交易的中小投资者就是为市场提供流动性。对于一个只有互联网和一台电脑的投资者来说，交易和投资的世界非常复杂，很难从资本中获得回报。要清楚投资与交易是一个由大型机构主导的专业领域，他们花费了大量的资金与资源，开发了强大的工具并雇用最专业的人员。

现在，我们将学习交易领域中不经常被提到的一些基础知识，这些知识与交易息息相关，甚至会影响我们的交易方式。

1.1 金融市场参与者类型

深度了解那些有能力影响市场价格的大型参与者，能给我们提供更有效的投资交易观点。金融市场是由一系列机构组成的，这些机构的交易方法会随着时间和需求的变化而变化。

---

① 范式转变 (paradigm shift)：又称范式转移或思角转向、范式转变等，是托马斯·库恩提出的一个概念，是一门科学学科的基本概念和实验实践的根本变化。尽管库恩将这个术语的使用限制在自然科学中，但范式转换的概念也被用于许多非科学背景中，以描述基本模型或事件感知的深刻变化。

——译者注

我们认知中最大的错误是认为所有的市场运动都是由某个"机构"或"大户"策划的；或者将市场区分为专业投资者和非专业投资者。"强手"[①]和"弱手"等这些术语被使用时，本意是为了了解多头、空头谁对市场的控制力更强，而不是看作机构与散户的较量，因为在核心资产中，散户没有定价权，散户只提供流动性，因为他们根本就不是真正的交易对手。

这一切都取决于每种特定资产的成交量。成交量越大，大型参与者就越多。例如，世界上最大的交易资产之一，美国标准普尔500指数[②]完全由大型机构控制，90%以上的成交量来自他们。如果没有一家机构愿意持有对方的头寸，任何交易都无法执行。如果没有机构的推动，价格是无法移动的。

相反，成交量很小的资产可能会受到能力较差的交易者的影响。这就是我不建议交易低流动性资产的原因，因为高流动性资产的交易可以避免操纵行为。

因此，我们的目标是分析图形中的隐含行为、多空变化、大资金动态与市场合力。我们将根据市场参与者的不同意图对其进行分类。

1.1.1 对冲

对冲的目的在于减少金融交易中的风险。它们包括买入或卖出要套期保值的相关产品。虽然套期保值的主要目的是规避风险，但它也可以用来确保潜在的利润或固定资产的价值。对冲交易者并不关心价格方向，因为这不是他们的核心业务。他们并不是要投机，而是要在长期内保护资产。

进行套期保值的方式多种多样，但最传统的套期保值形式是面向生产者的套期保值。

---

① 强手strong hands是一个口语术语，可以指资金充足或有影响力的投机者或交易者，强手可以推动市场。因此他们也被称为"聪明钱"。——译者注

② 这里通常指可以被交易的迷你标普合约。——译者注

例如：

● 一家航空公司购买石油期货，作为平衡其燃料成本的工具。

● 一家大型的国际进出口公司购买外汇来对冲未来的价格变化。

● 做市商：他们可以根据自己的需要进入市场，目的是保持其总头寸的风险中性。

1.1.2 投机

套期保值者基本上是通过交易来减少他们的风险敞口，与套期保值者不同，投机交易者在开仓时会主动承担风险。

在当前的市场条件下，如果相关资产的价格便宜，他们就会买入；反之，当价格昂贵时，他们就会卖出。投机者唯一的目的是在价格变动中获利。

对冲基金、投资基金等专业机构通过在市场上投机以寻求盈利。这些机构可以长、短周期操作，甚至通过高频算法执行交易，他们是金融市场上最活跃的交易者。值得注意的是，这些机构专注于寻找富有流动性的区域，由于他们的成交量很大，需要交易对手来匹配他们的订单。

这里有一个普遍的误区，就是所有的机构都是可以获利的。许多机构是金融市场上的亏损者，原因是他们需要的成交量很大，找不到交易对手。还有可能他们的投资逻辑与交易水平并不是很优秀。还有一些期权交易者虽然不是出于纯粹的投机动机，但也可以被归入投机的行列，因为如果他们在期权市场上有大量的未平仓头寸，他们很可能转向期货市场捍卫自己的头寸。

1.1.3 套利

套利就是利用金融市场的不完全性，交易者观察到市场中的不合理定价，并执行交易，目的是调整价格和纠正市场的无效。

套利的类型包括跨品种套利、跨周期套利和跨市场套利。

例如，欧元/美元及其期货衍生品。套利策略将利用两个市场之间可能存在的微不足道的价格差异来获得利润。

另一个例子是中央银行。他们是能力最强的，他们主要通过设定利率来指导各国的货币政策，从而进行套利。

在所看到的类型中，唯一会以增加一方压力进入市场的是投机交易者。其他的交易会有不同的意图，但最终仍会体现在价格上。

不是所有的交易都是投机性质的。在大多数情况下，我们认为每笔交易背后都是逐利的，然而并非如此。有许多类型的参与者在市场上参与交易，他们的需求都不一样。

除了理解交易的意图之外，值得强调的是一些交易者对时间周期考虑的不同。一些人着眼于短期，而另一些人采取中期或长期策略。每一个市场运动都是由大型机构推动的，并且任何时候都有其他持有长期看法和拥有更大能力的机构进入市场。

1.2 电子交易市场

自2007年以来，交易所已经变成了一个完全自动化和电子化的环境，由计算机系统负责处理和匹配订单（见图1-1）。

图1-1

随着新技术的出现，以及计算机的进步和金融界的监管变化，传输和接收数据的速度变得越来越重要。目前电子交易方式成为了主流。

成交量最大的产品，如期货、股票、指数和信用违约互换指数（CDS）的电子化程度最高，分别为90%、80%和80%。另一方面，公司债券处于较低的位置，因为它们更多是定制化产品，投资级债券和高收益债券分别占40%和25%。

所有这些电子化的发展都是通过增加流动性、降低成本、提高执行速度、改善风险管理和允许进入特定市场的方式来提高市场效率的（见图1-2）。

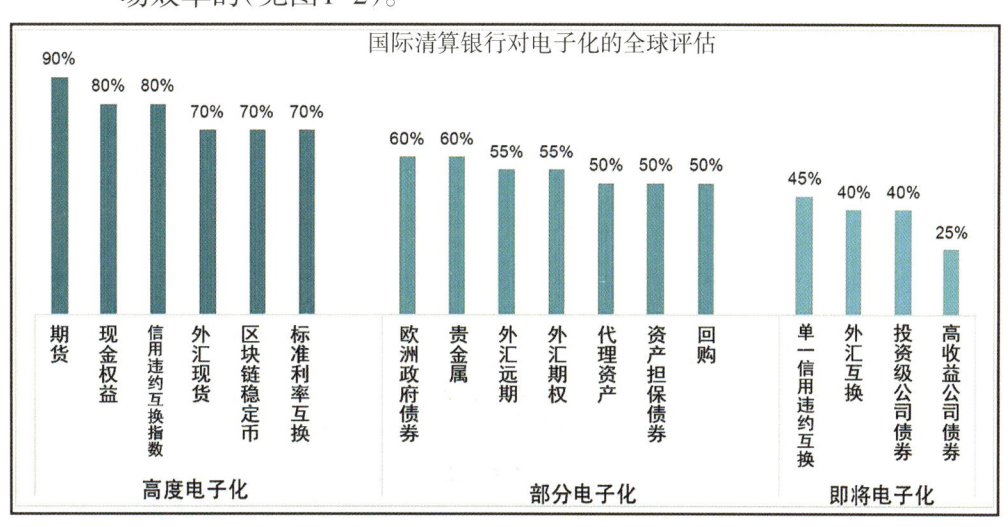

国际清算银行对电子化的全球评估

高度电子化						部分电子化							即将电子化			
期货	现金权益	信用违约互换指数	外汇现货	区块链稳定币	标准利率互换	欧洲政府债券	贵金属	外汇远期	外汇期权	代理资产	资产担保债券	回购	单一信用违约互换	外汇互换	投资级公司债券	高收益公司债券
90%	80%	80%	70%	70%	70%	60%	60%	55%	55%	50%	50%	50%	45%	40%	40%	25%

图1-2

1.2.1 算法交易

算法交易是利用计算机自动化执行订单的过程，基于速度和数据处理优势而开发，且不需要人工干预。同时，算法交易在先进的平台上使用了复杂的统计和计量经济学模型，独立做出决策。

算法交易以价格、时间和成交量作为变量，利用计算机更快的速度做数据处理。

这些策略对应着不断出现的市场信号，并在此基础上自动实施交易策略，交易周期覆盖各种时间级别。近年来，算法交易在所有类型资产中的市场份额的增长是惊人的，预测未来几年将保持相同态势。这种增长的原因之一是人工智能在金融领域的融合（见图1-3）。

图1-3

1.2.2 高频交易

高频交易是一种算法交易，是算法交易在微秒级别上的应用，试图从极小的资产价格变化中获利（见图1-4）。

图1-4

高频交易的基础是数学算法，根据市场情况进行分析并执行订单。他们在很短的时间内进行数千次交易，以高胜率模式系统地赚钱。

处理和执行的速度是高频交易的优势，这种优势来源于强大的计算机性能。在家里操作的普通交易者根本没有办法参与这种类型的交易。这是一种只提供给拥有资本优势与技术优势的机构交易者的交易模式。

虽然在欧洲市场，高频交易占比略低，但在美国股票市场的占比仍然超过总成交量的50%。我们观察到2009年后的高频交易参与度下降——主要原因是竞争增强，成本高、波动性低(见图1-5)。

图1-5

不要混淆高频交易与个体交易员可以创建的自动系统(这可以归入算法交易的范畴)。一般来说，个体自行搭建的(自动)交易系统(被称为EA，机器人)通常不是很有效；这与真正的高频交易有很大的不同，高频交易耗资数百万美元，由大型金融公司开发，且每天进行大量的换手。

高频交易如何影响我们？

在现今的市场中，大部分的成交量来自高频算法，但这并没有极大地影响我们基于结构做的分析，主要是因为没有太多人利用同样的市场异常现象来做交易。

当我们在分析市场的决定权的时候，我们试图阐明买方或卖方谁有更多的控制权，而高频算法更倾向于市场随机的一面，这主要是因为他们的策略是由套利、动量、事件驱动和做市(流动性比率)策略构成的。

虽然有些算法确实可以执行单边策略（目的是从价格变动中获益），但这些都是短期策略，它们可能会扭曲我们的分析。威科夫方法的优势在于它为我们提供了一个结构性框架，我们可以通过这个框架来减少一些噪声，并产生比这些算法交易更客观的判断——即使用更高的时间级别来观察长远的市场背景。

1.3 场外交易市场

这是一种电子市场，与证券交易所和期货市场不同，金融资产在双方之间进行交易，没有监管机构的控制和监督。

集中式市场（交易所内）和非集中式市场（交易所外）的主要区别是，在集中式市场中，有唯一的订单簿，负责连接该市场的所有参与者；而在非集中式市场中，有多个订单簿（有多少做市商就有多少），只显示竞价和询价的价格，在市场深度方面缺乏透明度。

近年来，美国市场经历了一个分化的过程，越来越多的分散市场被创造出来。目前，美国股票的流动性被划分为大约88个不同的来源，近40%的交易是在非集中式市场进行的（见图1-6）。

在非集中化的市场中，不同的经纪商会对客户订单进行不同的处理——一方面是有交易平台的人（做市商），另一方面是没有交易平台的人，他们充当客户和非集中交易市场之间的中介。

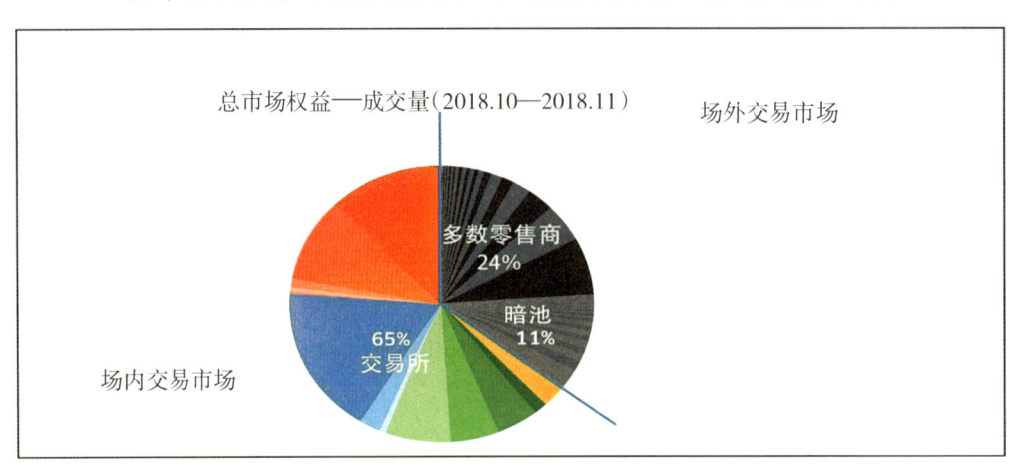

图1-6

而没有交易平台的人,是由做市商负责提供资产的最终价格。做市商提供报价的过程不太透明,这产生了很大的利益冲突。因为如果客户赢了,做市商就输了,反之亦然。显然,经纪人将尽一切可能保持其业务的盈利性。

当做市商的经纪人负责提供最终价格,同时也是你的交易对手时,主要危险之一就出现了,那就是有可能遭受价格被操纵带来的损失。

同样重要的是,由于这种非集中式市场的性质,可能存在不同的价格。如果我们想交易欧元/美元的交叉盘,每个做市商将为我们提供不同的价格和成交量。

场外交易市场如何影响我们

问题在于,非集中式市场所提供的价格和成交量数据,并不具有很好的代表性,最好的是流动性充沛的交易场所。

为了可靠地拥有这些数据,我们将需要在一个集中的市场下分析资产。继续以欧元/美元为例,我们应该在集中式交易市场中进行交易,它对应的是代码＄6E。

因此,如果我们没有经济能力(足够的资本)来操作,我们可以分析这个期货市场的资产,并通过另一种更实惠的金融衍生品来执行交易,如与一个好的经纪人(不是做市商)的价差合约。一个折中选择是交易小型的期货,如欧元/美元的微型期货,对应的代码是＄M6E。

我们打开一个期货(6E)和差价合约(EURUSD)的图形可以看到,尽管它们处于不同的市场,价格走势实际上是一样的。这是由于高频算法在这两个市场之间进行套利而造成的。

1.4 暗池

暗池是一个私人市场(非交易所)。它将机构投资者联系起来,促进金融资产的交换,其特点是不立即报告其交易,直到24小时后才知道交易金额。

美国非集中式股票市场的成交量约为35%，暗池交易占16%~18%。而根据彭博社的研究，暗池的整体交易已经占到总成交量的30%以上（见图1-7）。

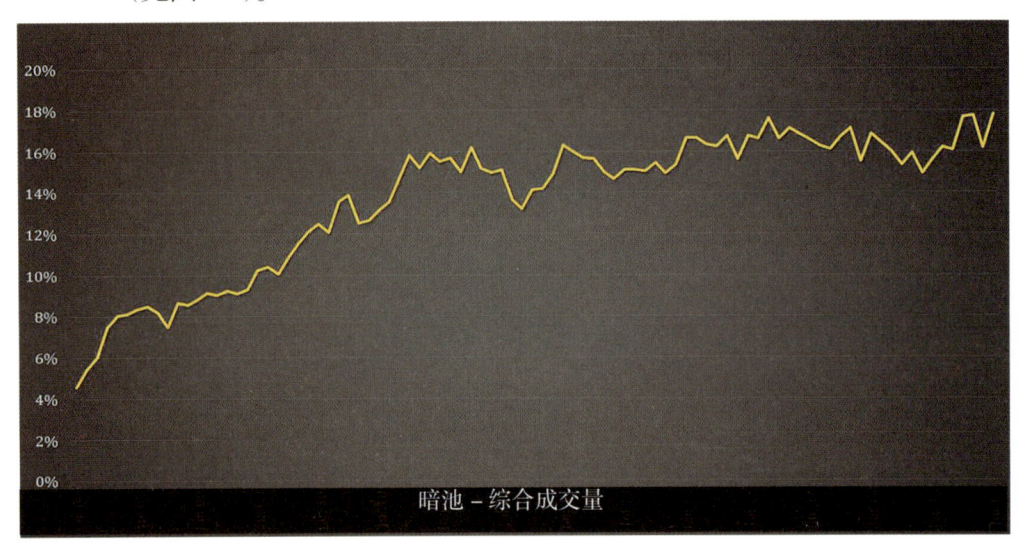

图1-7

暗池在欧洲股票市场的份额近年来迅速扩大，从2009年的1%增长到2016年的8%（见图1-8）。

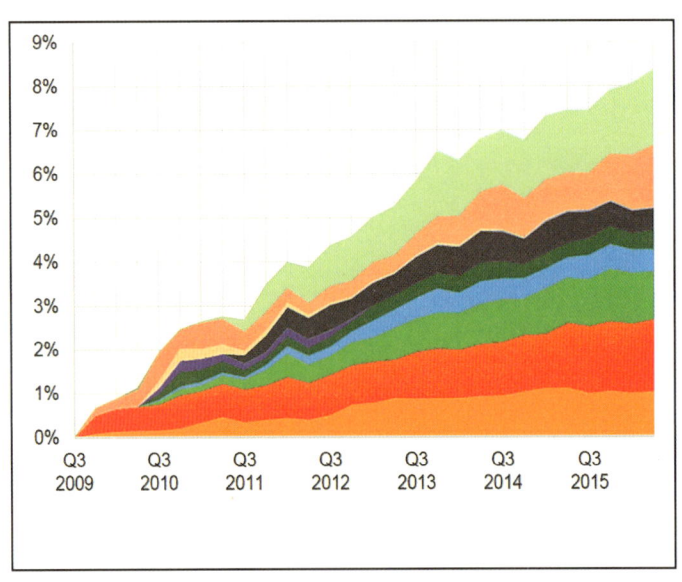

图1-8

当一个大型机构想要购买或出售大量的资产时，他们会选择这种类型的市场。因为他们知道进入公共市场，会很难找到交易对手，他们可能会得到更差的价格。此外，他们还可能面临高频算法执行的抢先交易等掠夺性技术的竞争。在暗池中，他们避免了这种负面影响，同时节省了佣金成本（使用公开市场所需的费用）。

与大多数人的认知不同的是，暗池受到高度监管，因为其参与者在美国证券交易委员会（SEC）和美国金融业监管局（FINRA）注册，因此要接受与公开市场类似的定期审计和检查。除了私营金融机构外，一些公开交易所也有自己的暗池，如纽约证券交易所（NYSE），是世界上流动性最大的暗池交易所。

芝加哥商业交易所（CME）是世界上拥有最多的期权和期货合约的市场，它也有自己的暗池，并通过他们所谓的"大宗交易"提供这种不透明的交易服务。在官方网站上，他们详细解释了这方面的信息，并强调：

"大宗交易"是一种私人的期货、期权或组合交易，允许在公开拍卖市场之外执行。《商品交易法》中强调：大宗交易只限于合格合约的参与者。

规则526（"大宗交易"）对芝加哥期货交易所、纽约商品期货交易所等产品的大宗交易进行管理。

● 大宗交易被允许在特定的产品中进行，并受制于最低交易规模要求，该要求因产品、交易类型和执行时间而异。

● 大宗交易可以在任何时间以公平合理的价格执行。

暗池如何影响我们

在暗池中进行的交易在价格和波动上具有重要作用，因此具有重要的微观结构意义。

某资产中非常重要的交易可能以隐蔽的方式发生，我们显然无法评估交易的意图。这些交易不是由公开市场的供求关系决定的，对价格形成没有直接影响。但有研究证实，公开市场的交易者会对暗池中执行的订单交易报告作出反应，一旦公布，就能大大改变当时的价格行为。

1.5 随机论与决定论

这个问题是交易界的一大争论。绝大多数支持市场随机游走群体，他们的目的是诋毁技术分析的作用。另一方面，那些想对每个价格运动赋予意图的人犯了一个严重的错误：事情不是非黑即白的。

市场随机论的前提是有效市场，而决定论(非随机性)则认为市场是无效的。市场随机论表明，当前的价格已经反映了关于过去事件的所有信息，甚至是市场预期在未来发生的事件。换句话说，关于资产的所有信息完全反映在股价上，因此不可能预测未来的价格。其理由是，当参与者试图利用新的信息时，他们已经身在其中。因此市场行为无法利用市场现有的信息解释，除非交易员能够提前获得其他信息。

决定论的市场方法认为，价格的变动受到外部因素的影响，因此，只要知道这些因素是什么，就有可能预测未来的价格行动，只要正确地解读市场，就能获取收益。

随机论的市场方法认为，市场运动背后没有任何逻辑与意图，市场只是随机的价格波动。随机性的产生是由市场上发生的无数变量而产生的，没有人可以知道其他市场参与者将如何行动。如果有人知道，他们会有一个决定性的系统，每一次预测都将是正确的。如果有效市场假说和市场的随机性有效，那么没有人可以经常性地获利。而历史已经证明，情况并非如此。我们都知道，金融历史上伟大的交易员都能做到长期战胜市场(技术派、基本面和量化)。

有效市场的假说也受到了很多批评，主要是因为它假设人在决策中都是理性人。而且，金融市场也不能被模拟成不掺杂随机性的模型，这意味着存在100%成功的策略，这显然与事实不符。

1.5.1 适应性市场假说

由此可见，金融市场是由一定比例的随机性和决定性组成的，但不知道各自占多大比重。

这一理论得到适应市场假说的支持，该假说表明，金融市场的效率不是一种绝对存在或不存在的特征，而是一种根据市场条件(环境、背景)而变化的特征，而这些条件是由参与者之间的相互作用决定的。

这一假设是由美国金融经济学家罗文全在他2017年出版的《适应性市场》中提出的，主要观点如下：

1.市场的效率取决于现实条件。市场的特征由市场参与者的动态状况决定，而参与者的状况又反过来受市场特征的影响。

2.代理人不是完全理性的，会受到认知偏差的影响。纯粹的理性模式不能适用，因为参与者根据不同的因素形成预期。此外，相同的信息也可以产生不同的预期，而且每个代理人都有不同程度的风险厌恶。

虽然作者将代理人称为个体，但这同样适用于当前的交易生态系统，我们已经提到，所有的交易是以电子方式进行的。这一事实并没有改变适应性假设的基础，因为无论市场参与者与市场其他参与者的互动方式如何，他都会根据他在特定时刻的估值、动机或需求作出决定；而这个特定时刻会受到不同因素的制约且会随着时间的推移而改变。

适应市场假说的重点并不在于诋毁有效市场假说，而是将有效市场假说看成整个市场理论的一部分。它更看重不断变化的市场条件(由于新信息的到来)以及参与者做出的反应。适应市场假说强调理性和非理性(效率和非效率)可以在市场上同时存在。

1.5.2 威科夫理论的适用性

根据威科夫理论，我们可以基于确定性事件去解读市场：比如因果法则，市场要形成一个结果(趋势)，首先必须有一个原因(积累/分配)。我们还可以利用其他原则，比如季节性原则。

随机法则可以在高频算法中看到。我们已经讨论过它们的一些用途，它们是推动市场运行的力量，而这些力量背后不一定是有方向性的。

大多数市场随机性辩护者都强调技术分析使用了经典的图形模式，如三角形、头肩形、旗形等，或一些背后没有潜在逻辑的价格模式，以证实技术分析总体上缺乏可预测性。我们的交易方法与这些传统模式相去甚远。

甚至有研究表明，即使用趋势线这样简单的分析工具去展示金融市场的非随机行为，都能够利用市场异象来获得一定的回报。

1.6 价格与成交量

在我们分析市场的传统方式中，量价关系是最重要的。但是当你深入探索当今的金融市场时，就会发现一些问题。在我看来，价格数据肯定比成交量数据更有意义，这一点无须怀疑。我会从两个角度来论证这个观点。

一方面，如果不了解成交量在价格上的分布，我们对各类资产的日内分析就会被误导。比如，我们看到S&P500期货大部分成交集中在(美股)早盘的一个小时内，其余时间明显缺乏成交量。如果把所有的价格行为和成交量都纳入分析中，可能会让你感到困惑(见图1-9)。

我们发现价格运动缺乏成交量时，不是因为交易时间内交易者缺乏对价格的兴趣，而是因为交易者本身的参与不足而导致成交量的缺乏。同理，在午盘前后、收盘前，成交量也会有一个明显的上升。

知道这些后，我们可以总结以下两点：

如果我们想继续做日内交易，我们必须对比地分析价格和成交量。一方面是交易活跃时的成交量分布，另一方面是交易不活跃时的成交量分布。

图1-9

此外，避免混淆的最好办法就是做日间交易。因为没有必要将成交量缺乏的时间段和成交量稀疏的时间段区分开，再分别进行分析。当然，这需要改变你的交易风格了。

价格已经包含了所有的信息，它是所有已成交订单的展示。它的优势在于，当我们在分析一个标的时，价格走势可以忽略时间的维度，并进行对比分析。

另一个表明价格的重要性高于成交量的重要性的原因是，解释成交量的逻辑很多时候被误解，并且成交量取决于价格随后的反应。正如"努力与回报"中的分析，某种行为如果产生一致或分歧，这取决于市场随后的反应，我们将在此基础上调整我们的解释。例如，如果我们看到市场波动伴随着大量成交，我们就会说这种行为代表了市场向某种方向运动的意图；价格移动是因为人们对这种运动有很大的兴趣。但是，相反，我们看到市场出现相同的价格特征，但这一次伴随着一个相对较低的成交量，我们会说，这是因为一方（买家或卖家）没有兴趣参与，有利于相反的一方。

我们可能会被误导，认为价格运动的原因是成交量的分歧，但实际上是因为某些时间价格上涨只需要很少的成交量，因为对手方没有足够的交易者。虽然我们在没有成交量的情况下失去了一部分可用信息,但供求之间的作用在价格上留下了印记,这为我们提供了重要的参考。

我们建议使用结构和成交量价差分析(VSA)的交易者继续分析成交量数据。虽然成交量有时会导致模糊的分析,但通常它能使我们能够识别市场中失衡事件的出现。我只是想强调价格的重要性,这是我们理解和交易市场的方式。

前面我们也看到由于场外交易以及暗池对成交量数据准确性的负面影响。

1.7 扩散理论

这个模型是社会学家埃弗里特·罗杰斯在1962年提出的一个理论,在这个理论中,他阐述了创新性的东西是如何被广泛采用的。

汉克·普鲁登博士是威科夫理论的大师,在他的著作《顶级交易的三大技巧》中,使用扩散模式适应金融市场的运行。他的理论是将技术分析的四个要素(价格、成交、时间和情绪)结合起来,建立一个关于市场当前状况和可能的未来趋势发展的约束性理论(见图1-10)。

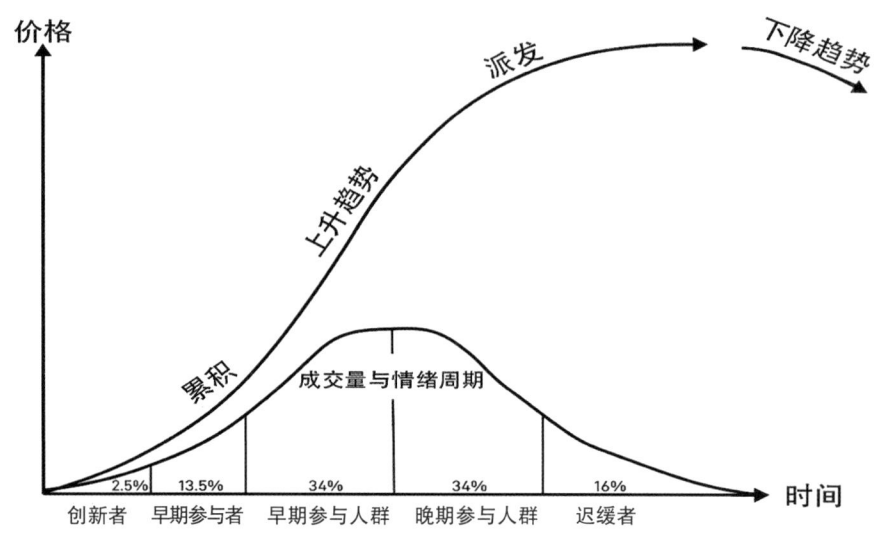

图1-10

图1-10由两个基本因素组成。

S形曲线

S形曲线代表了价格的行为。该曲线强调了市场周期的重要性：累积、上升趋势、派发和下降趋势。

我们已经熟悉了价格周期发展的基本知识，这里不做进一步深入研究。之前我也详细解释了价格波动的本质，包括市场的背景——趋势和震荡。市场周期运动是不同类型交易者连续参与的结果。

高斯(正态)曲线

高斯曲线代表成交量和情绪的分布。该曲线确定了在每个时期或类别中加入该趋势的市场参与者的数量。通过对数据的客观分析，可以确定在任何特定的市场中，价格最有可能处于高斯曲线的哪个阶段。

根据趋势所处位置的不同对投资者进行分类：

1.创新者：这一类人占2.5%。在金融市场上，创新者都是内部人士。由于他们微妙的地位，发现他们的参与并正确解释他们行为背后的意图是很有意义的。

2.早期参与者：占总数的13.5%。他们是消息灵通的交易员。他们基本上对资产进行了客观估值，并预期价格有很大的上涨空间。他们也是那些能够正确识别机构干预行为并将自己与这些主要参与者捆绑在一起的交易员。

3.早期参与人群：占总数的34%。这些也是消息灵通的交易员，他们能够正确和快速地识别周期的开始，并在早期阶段定位自己。

4.晚期参与人群：占总数的34%。他们不是消息灵通的交易员，他们在市场趋势的后期进入市场，反应缓慢。

5.迟缓者：剩下的16%。这些都是最不知情的交易员，他们受到自己情绪的引导。他们在最后阶段被趋势吸引，提供了最后的流动性。

S形曲线和高斯曲线共同构成了普鲁登所称的"群体行为的生命周期模型"。理解模型的关键是要观察其对市场的影响，以及当不同类别的交易员进入或离开市场时，图形上如何展示趋势的过程。

1.创新者和早期参与者就是一个累积和派发过程，威科夫的具体研究方法正是在这种背景下形成的，试图确定这些消息灵通的早期参与者是处于买入(累积)还是卖出(派发)的立场。

2.早期参与人群参与趋势运动的早期阶段。一旦趋势开始，他们就会进入市场。价格不会像上一个阶段的人的成本那样有利，但他们肯定是在一个良好位置介入的，如果他们能够客观分析趋势的状况，就可以赚到很多的钱。

3.晚期参与人群参与结束趋势运动。这是成交量最大的地方，能继续吸引更多的参与者进入市场。这就产生了一个相互加强的螺旋：成交量扩张和价格反复。价格上涨，吸引更多的买家；价格下跌，吸引更多的卖家。换句话说，买卖浪潮往往会像滚雪球一样蔓延。但是，距离价格的顶点已经很近了。

4.迟缓者参与趋势逆转。最后的参与者被贪婪吸引到市场上，因为他们害怕错过最后的机会。他们通常是那些怀疑前期趋势的有效性，对前期趋势持怀疑态度，不想在之前进入的人。最后他们忍不住接过了市场的最后一棒，于是遭受了巨大的损失。

该模型可以在每个市场周期的积累和派发过程中看到，产生相应的上升和下降趋势。从本质上讲，它代表了健康趋势走势的理想状况：早期成交量增加产生趋势，后期成交量减少，表示需求枯竭。

2. 成交量的重要性

在当前所处的市场背景下，成交量已经变得比过去几十年更加重要。越来越多的资金参与到金融市场中，引起了新的交易方式和交易工具的出现(见图2-1)。

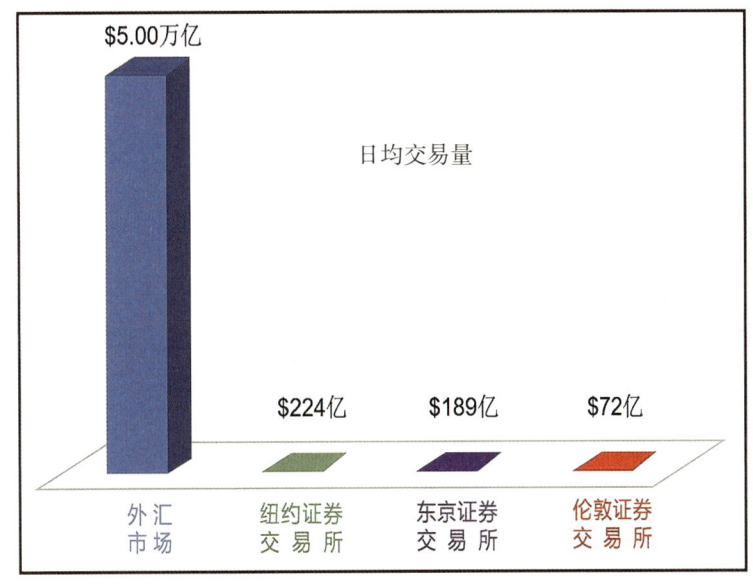

图2-1

20世纪初，市场交易完全由人工操作，主要被参与者的认知偏见——恐惧和贪婪等情绪引导。个人的这种非理性使得消息灵通的交易者不断获利。

目前大部分的交易都是通过电子方式完成的，每天都有大量的成交产生，为了更好地理解订单撮合的过程，有必要强调对手方、流动性和订单匹配的概念，简而言之这些都是成交量的范畴。

在本节中，我们将深入研究拍卖理论，以及成交量分析的工具，使我们能够对成交量数据进行更准确的分析。

2.1 市场拍卖理论

拍卖理论，主要源于施泰德·迈尔对市场分布的研究。随后，他与其他作者（如詹姆斯·道尔顿与唐纳德·琼斯）一起构筑了这一理论的基石。

市场以促进交易为优先目标，在供需法则的作用下，实现效率的最大化。学术上称为均衡或公允价值。

市场效率高代表买家和卖家在交易中非常顺畅，没有哪方有绝对的控制权。因为在当前的市场条件下，买卖双方对价格的估计接近一致。在图形上呈现平衡的方式是价格在一定的范围内波动。价格横盘运动代表了这种平衡，这不仅是交易顺畅的表现，也是市场试图达到的状态（见图2-2）。

市场无效或失衡的阶段，体现为价格的趋势走势。当市场出现新的消息时，会导致资产的买方和卖方对价值进行重估，继而产生分歧。两者中的主导力量将控制并使价格偏离先前的平衡区，提供交易机会。在这种情况下，市场处于一种无效的状态。

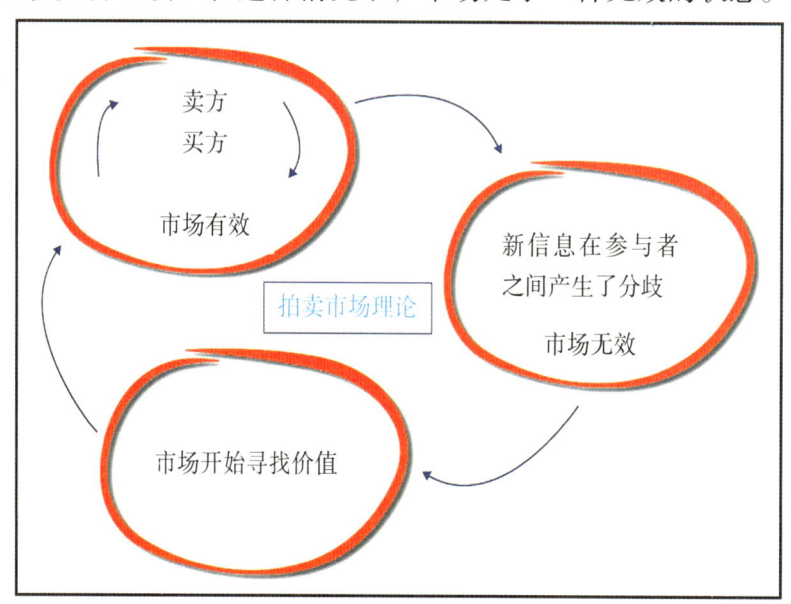

图2-2

趋势阶段，市场会不断地在交易中寻找并确认价值，然后再次产生一个新的平衡区。这种循环在市场里会周而复始。

一般来说，市场将通过趋势运动从一个平衡区转移到另一个平衡区，当市场情绪产生分歧导致失衡时，趋势运动将启动。随后市场将开始寻找下一个能让大多数参与者对标价格达成共识的区域。

市场大部分时间都处在平衡期，因为市场的本质是大部分时间震荡，小部分时间产生趋势，这是累积和派发出现的地方，也是威科夫理论的重点。

2.1.1 市场的变量

金融市场上的拍卖过程是基于标的本身的价值，为了确定价值所处的位置，需要分析另外三个元素。

价格

价格是拍卖过程的表现形式。交易是通过价格波动来进行的，价格上下波动测试不同的价位，以观察市场中参与者对测试的反应。

价格波动预示着交易机会。如果参与者认为价格是合理的，就会促使他们交易。相反，如果这些新价格水平对双方参与者没有吸引力，则大家不会交易。

时间

当市场达到一个有吸引力的价位时，时间是用来调节市场交易窗口的工具，使得参与者有充分的机会去参与到交易之中。

价格在失衡区间内运行只要花费很少的时间。一个有效或平衡的区域将消耗较长的时间；而一个无效或失衡的区域消耗的时间较短。

成交量

成交量代表着已经交易的资产数量。这个数量能够表明参与者对某个价格水平是否感兴趣。

根据成交量分布，有些交易区域比其他交易区域更有价值。基本规则是，某个区域的成交量越大，市场参与者认为其越有价值。

价格+时间+成交量=价值

这三个要素为我们提供了一个理性的视角——即市场参与者认为资产的价值是基于当前三个要素的状况。

市场不断发现新的价格水平，时间消耗的程度能够表明市场是否接受了新的价值区域，成交量的大量产生表明了交易者已经创造了一个新的价值区，他们在那里交易得非常顺利。

市场条件是可以改变的，因此需要对这些要素持续分析。在此基础上，我们会提出不同的交易策略。

2.1.2 价值的认知

市场在两个阶段之间不断轮动：横向发展（平衡）或纵向发展（失衡）。横向发展表明参与者之间达成了一致，纵向发展表明市场在寻找新的价值区域（见图2-3）。

价格在一个箱体区间内水平波动证明价格和价值在此时接近重合。当市场处于趋势状态时，价格和价值并不重合；在这种情况下，价格会先变动，价值会选择是否跟随（作为接受和拒绝的标志）。

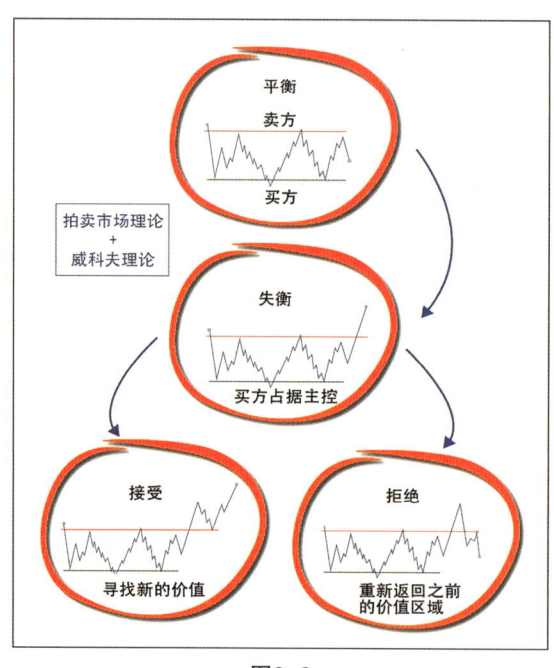

图2-3

2. 成交量的重要性

在一个均衡的区域内，公允价格将位于中部，而上下两端的价格代表交易者不接受的水平。

由于公允价格位于区间的中部位置，因此价格向上移动会被买家视为不利，同时卖家会认为这是有利的，所以双方的交易会导致价格回到核心区域。同样，对区间低点的触碰对买家是有利的，对卖家则是不利的，从而导致价格进一步上扬。

这就是我们众所周知的典型的区间交易，低买高卖，希望价格能继续拒绝两端的价格水平。通常情况下，市场会继续这样的行为，直到基本状况发生变化。

有趣的是，当失衡发生时，价格就会离开价值区。为什么？因为价格离开价值区时，公允价值的共识会发生变化。

当价格维持在某个水平（时间累积），买方和卖方之间开始交易（成交量累积）时，我们可以认为这里接受了一个新的价格水平，表明参与者在此达成了一致。反之，当价格迅速回到旧的价值区域，表明参与者缺乏兴趣（甚至价格在此处会急转弯），并拒绝了新的价格水平。

所有的横向发展在参与者之间不再达成一致时结束，而所有的纵向发展会在价格再次达成一致时结束，这就是市场的循环。这种理论是完备的，可以依据这个观点建立交易策略。

正如技术分析的普遍原则之一：市场行为涵盖一切信息，我们不需要去研究是什么使得参与者在价值认知中产生这种变化，我们只需要知道，基于当前的条件，在某个精确时刻，所有参与者都根据可获得的信息对资产的价格进行了评估。随后，基本面可能会发生变化，改变参与者原有的看法。这种方法的优点在于，它使我们不需要知道究竟是什么改变了参与者的看法。

必须强调的是，此类拍卖理论是通用的，它可以用来评估任何类型的金融市场，而且可在任意的时间级别中去使用。

2.1.3 市场运动的四个环节

施泰德·迈尔用四个环节来代表市场在运动发展过程中所经历的不同阶段(见图2-4)。

这四个阶段是：

1. 趋势阶段：垂直发展，价格处于失衡状态，价格单向运动。

2. 停止阶段：开始出现大量的反向交易，之前的趋势运动开始停滞。

3. 震荡阶段：横向发展，在价格停止的地方和新的平衡区间交易。

4. 转换阶段：价格离开区间，再次产生失衡。这种行为可能是逆转，也可能延续之前趋势。

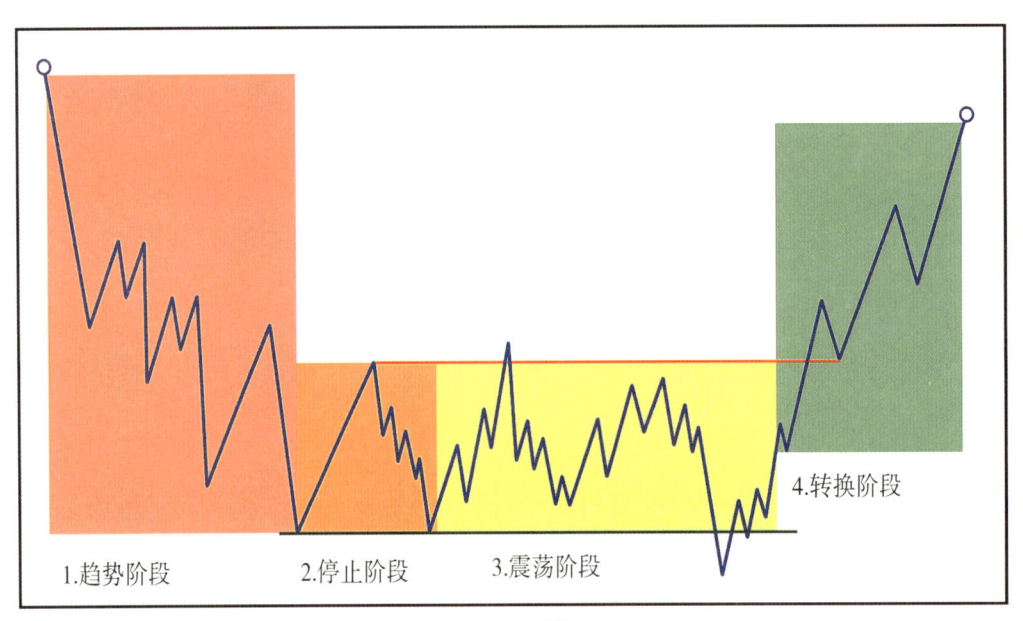

图2-4

一旦转换阶段结束，市场就开始新的周期。这个过程会持续进行，而且在任意时间级别内都可以观察到。

到第三阶段时，将观察到一个P或b型的成交量分布。这两种成交量分布的形成以及操作将在后面介绍。

结构理论的交易者都很熟悉这四个阶段，因为它是威科夫理论所提出的从A阶段到E阶段的发展。

威科夫理论的五个阶段，见图2-5所示。

A.趋势停止；

B.原因构建；

C.评估对手；

D.趋势展开；

E.方向确认。

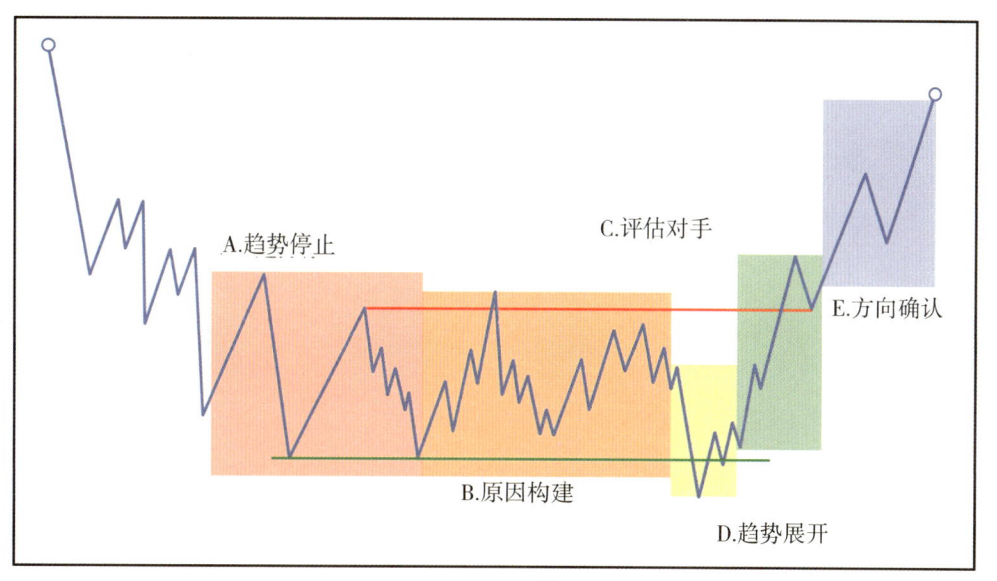

图2-5

尽管威科夫以及传播他思想的后继者使用的是基于技术分析的工具和原则，但其中已经隐含了拍卖理论中的概念。

所以，本章介绍的是基于市场本质的技术分析方法：拍卖理论和供求关系。

2.2 供应与需求的原则

拍卖理论所依据的基本原则是：供求关系决定所有的价格变化。在二十世纪早期，威科夫的研究结论是：

- 如果需求大于供应，价格就会上升。
- 如果供应大于需求，价格就会下降。
- 如果供应和需求处于平衡状态，价格将保持不变。

2.2.1 常见错误

供需原则是基础原则，我们要对一些概念进行澄清，因为人们围绕供求关系产生了一系列的概念性错误。

错误1：价格上涨是因为买家多于卖家，价格下跌是因为卖家多于买家。

在市场上，买家和卖家的数量总是相同的，因为有人买，就一定有人卖。无论某人想买什么东西，只要没有卖家愿意提供对应的东西，交易就不可能进行。

关键在于交易者在参与市场时采取的态度（积极的还是消极的）。

错误2：价格上涨是因为需求多于供应，价格下跌是因为供应多于需求。

这种说法的问题在于把主动买入和被动买入都称之为需求，把主动卖出和被动卖出称为供应。实际上它们是不同的概念，区分它们是很容易的。

供应和需求是卖方和买方在等待执行的委卖区和委买区的限价单，也被称为流动性。

2.2.2 买价、卖价、价差和流动性

在金融市场上没有单一的价格，很多人可能不理解这一点。当一个参与者进入市场时，他发现有两个价格：买入价和卖出价。

1.买价：委买栏是订单簿的一部分，买方在这里出价（限价买单），主动卖方在这里匹配他们的订单。委买栏中的最高价格水平被称为最佳买价（买一），代表可以主动卖出的最佳价格。

2.卖价：委卖栏是订单簿的一部分，卖方在这里出价（限价卖单），主动买方在这里匹配他们的订单。委卖栏内的最低价格水平被称为最佳卖价（卖一），代表可以主动买入的最佳价格（见图2-6）。

因此，订单的执行机制决定了价格。买入价和卖出价之间的差额被称为价差（Spread），是评估资产流动性的一个指标。价差越小，它的流动性越强。

委买栏	价格	委卖栏
	108	600
	107	980
	106	900
	105	720
	104	550
	103	500
	102	120
	101	90
	100	75
50	99	
66	98	
95	97	
130	96	
249	95	
120	94	
97	93	
90	92	

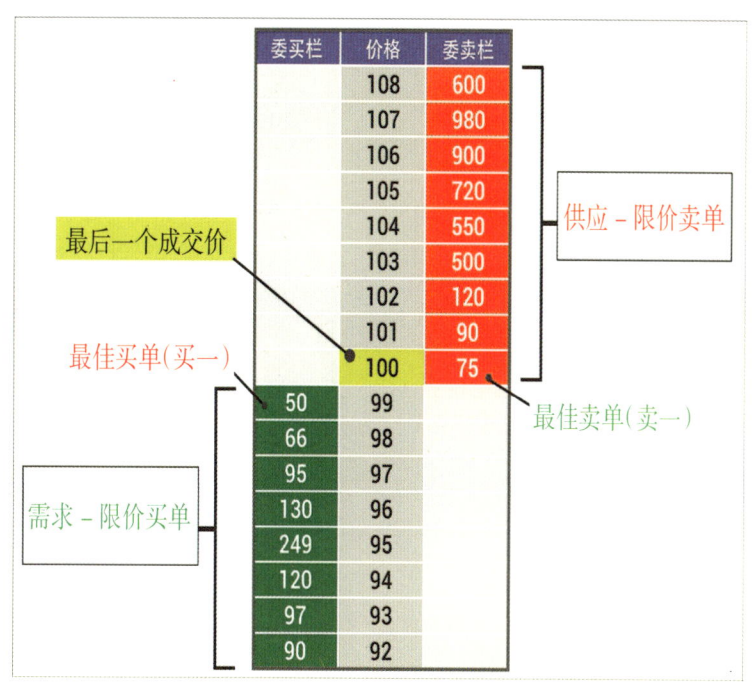

供应－限价卖单
最后一个成交价
最佳买单(买一)
最佳卖单(卖一)
需求－限价买单

图2-6

流动性是另一个重要的概念，是指某个资产的成交量。我们应该尝试交易流动性强的资产，因为这表示大型交易者将更难左右资产的价格，也可以避免潜在的操纵。如果你所交易的资产成交量非常小，一旦大型机构进入就可以相对容易地左右价格。

2.2.3 交易者类型

理解这些问题的关键是理解交易者的行为，他们可以按照不同方式参与市场(见图2-7)。

1.主动交易者。他们使用市价单，是流动性的提供者。他们急于进入市场并进攻限价单所在的最佳买入价和最佳卖出价。这种类型的"激进订单"是市场的真正引擎，因为他们是交易的发起者。

2.被动交易者。他们使用限价单，是流动性的创造者。卖方通过将订单留在委卖栏中等待执行来创造供应，而买方通过将订单留在委买栏中来创造需求。

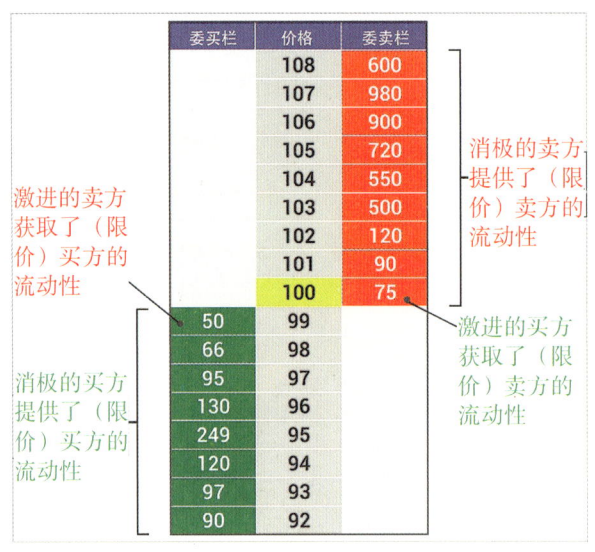

图2-7

2.2.4 价格是如何运动的？

本节我们讨论交易发生所需要的条件。观点很明确：推动价格变化需要交易者积极参与。限价单能阻止价格移动，但不能使价格移动。

主动性

为了使价格向上移动，买方必须吸收掉该价格的所有限价卖单，同时继续积极买入，迫使价格再上升一个价位，寻找新的卖家进行交易（见图2-8）。

图2-8

被动的买单只会导致价格向下运动的速度减慢，但其本身不能推动价格上涨。唯一有能力推动价格上涨的订单是市价单或其他类型的订单转换为市价单(如空头的止损)。

为使价格向下移动，卖方必须吸收掉该价格水平的所有的限价买单，同时继续积极卖出，迫使价格下降一个价位，寻找新的买家进行交易。

被动的卖单只会导致价格向下运动的速度减慢，但其本身不能推动价格下降。唯一有能力推动价格下降的订单是市价单或其他类型的订单转换为市价单(如多头的止损)。

衰竭

价格的推动需要主动交易者，但值得注意的是，被动交易者的缺乏也有潜在促进价格运动的作用。原理是：缺乏供应可以促进价格上涨，缺乏需求可以促进价格下跌。

随着供应的退出，市场抛压的减少表现为订单簿中卖方挂单下降，这会激发主动买方的兴趣，因此主动买入可以更容易地抬升价格。

反之，如果是需求的退出，市场承接的减少表现为订单簿中买方挂单下降，这会激发主动卖方的兴趣，因此主动卖出可以更容易地使价格下降。

2.2.5 市场中的反转是怎样发生的？

价格因寻找卖家而上升，因寻找买家而下降；市场将始终朝着供需平衡的终点移动(这里的卖家和买家指的是被动属性，也就是提供流动性的一方)。

其逻辑是，随着价格的上升，买家的兴趣减少(他们认为价格越来越没有吸引力)，卖家的兴趣增加(他们认为价格越来越有吸引力)；而随着价格的下降，卖家的兴趣减少，买家的兴趣增加。

在上升的市场中，只要主动买入能够消耗掉所有在较高价位出现的流动性(被动的供应)，价格就会继续上升。另一方面，在下降的市场中，只要主动卖出能够消耗掉所有在较低价位出现的流动性(被动的需求)，价格就会继续下降(见图2-9)。

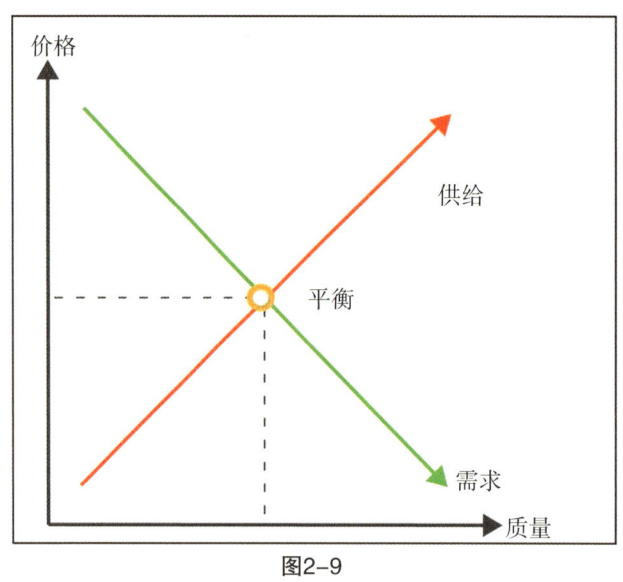

图2-9

我们按照三个步骤来分析市场的转折点。

1. 衰竭。

2. 吸收。

3. 主动。

见图2-10，以右边为例，在上升趋势即将反转的节点，买方缺乏继续购买的兴趣(衰竭过程)，拥有大量头寸的人以被动卖出方式(吸收过程)首先进入派发，主动的卖方(主动卖出过程)紧随其后。左边下降趋势同理。

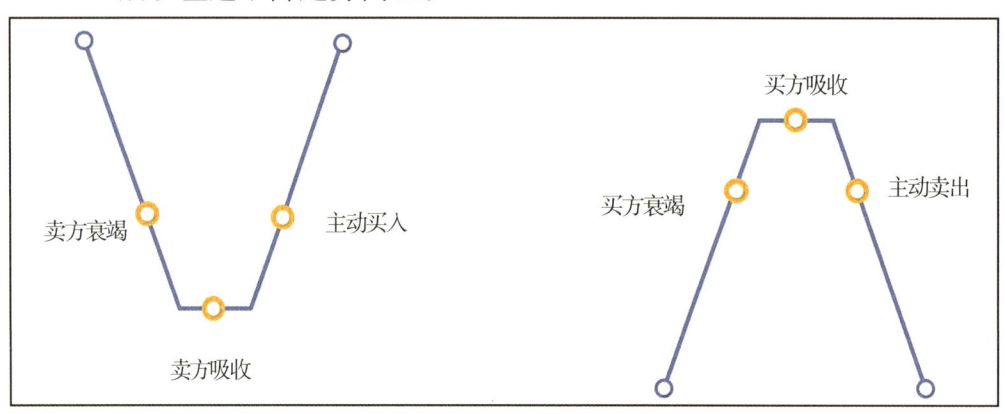

图2-10

从本质上讲，这三个步骤就是累积和派发的组合，在任何时间级别上都会呈现这种特征。

2.3 订单的种类

市场中主要有以下四种不同类型的订单。

1.市价单。主动买入(卖出)的订单，以现有的最佳买入和卖出价格立即执行，市价单保证交易者第一时间进入(离开)市场，但由于报价的不断变化和价差的存在，不能保证入场的具体价格。

2.限价单。以特定价格执行的被动订单。保证交易者以特定价格进入，但不能保证交易立即执行。当价格无法达到设置的价格时，就永远不会入场。只要限价单没有被执行，就可以随时撤单。

3.止损单。止损单会在一个特定的价格执行。当价格达到止损价格时被触发，变成市价单，立即执行。

4.限价止损单。结合了限价单和止损单的特点。一旦达到一定的价格水平，就会产生一个对应的限价指令。在操作上，它与限价单的工作原理完全相同。

以上是四种基本类型的订单，以下是根据买卖行为细分的八种订单类型，可以根据不同的用途来使用(见图2-11)。

1.市价买入。基于当前价格的主动买入指令。作用：主动买入参与市场，空方了结(止盈或者止损)。

2.止损买入。高于当前价格的挂单：这里是限价转市价，因为在交易机制中，限价买单高于当前最佳价格，会变成市价单成交。作用：主动买入参与市场，空方了结(止损)。

3.限价买入。低于当前价格的挂单(限价单)。作用：被动买入参与市场，空方了结(止盈)：一般盈利情况下都是用限价单止盈，避免滑点成本，原则上市价限价都可以退出市场。

4.限价止损买入。在价格达到某个水平后，在价格以下的挂单。作用：被动买入参与市场，空方了结(止盈)。

5.市价卖出。基于当前价格的主动卖出指令。作用：主动卖出参与市场，多方了结(止盈或者止损)。

6.止损卖出。低于当前价格的挂单。作用：主动卖出参与市场，多方了结(止损)。

7.限价卖出。高于当前价格的挂单。作用：被动卖出参与市场，多方了结(止盈)。

8.限价止损卖出。在价格达到某个水平后，在价格以上的挂单。作用：被动卖出参与市场，多方了结(止盈)。

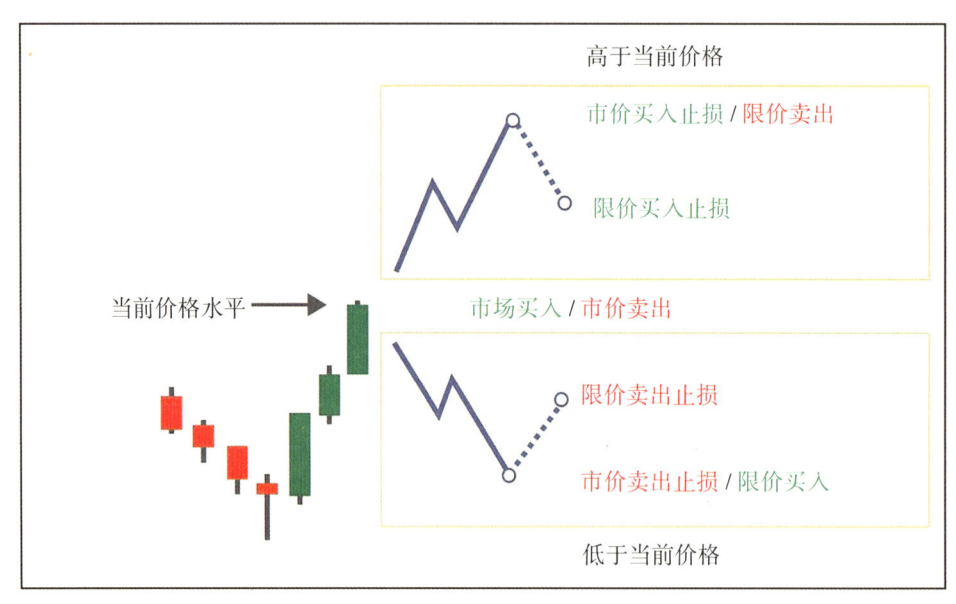

图2-11

高级订单

根据不同券商提供的功能，有一些更加高级的指令用于进入和退出市场[①]。

One-Cancels-Other (OCO)：向市场同时下两个订单，其中一个订单在另一个被执行时被取消。

[①] 根据上交所深交所的交易规则，目前我国股票市场分为：上交所：最优五档即时成交剩余撤销申报，最优五档即时成交剩余转限价申报，本方最优价格申报，对手方最优价格申报。深交所：对手方最优价格、本方最优价格、五档即时成交剩余撤销、即时成交剩余撤销、全额成交或撤销委托。——译者注

Order-Sends-Order（OSO）：当订单被执行时，执行一个次级订单的指令。

Market-To-Limit（MTL）：先执行市价单，市价单在部分执行的情况下以相同价格对剩余部分执行限价单。

Market-If-Touched（MIT）：市场触及特定价格时触发市价单。

Limit-If-Touched（LIT）：当达到特定水平时与挂单(限价)交易的条件单。它的作用是高于当前价格买入和低于当前价格卖出。

Good-Til-Cancelled（GTC）：在一个有效期内，如果订单还没有被执行，它将被取消。

Good-Til-Date（GTD）：订单在某一特定日期之前保持有效。

Immediate-Or-Cancel（IOC）：立即执行订单。如果当前订单部分仍未完成，该部分将被取消。

Fill-Or-Kill（FOK）：不允许部分执行。当价格触发时，要么全部执行，要么被取消。

All-Or-None（AON）：与Fill-Or-Kill订单类似，不同的是，如果价格达到它却没有被执行，因为没有足够的成交量匹配。但是它仍然有效，直到获得足够订单与其匹配。

At-The-Opening（ATO）：在开盘时执行订单的指令。

At-The-Close（ATC）：在收盘时执行订单的指令。

2.4 高级图形类型

近年来，其他描述市场的方式也相继出现，如tick图、等量图以及等价图。

这些图形的主要优势是减少了时间相关的噪声。这三种图形的共同点就是它们消除了时间变量的影响。这类图形对不同背景下的市场的解读会更加准确。

2.4.1 tick图

一个tick代表买卖双方的一笔交易。因此，当一定数量的交易

(ticks)发生后，新的tick图将会产生（当前的K线结束，开始绘制新的K线），见图2-12。

图2-12

因为每个市场的波动率不同，图形参数的设置(ticks的数量)也将因市场不同而变化。你必须不断地测试，直到找到最合适的参数。

一般来说，基于ticks所生成的K线的成交量都非常相似，但是也会有细微的差别。这些差别可以给我们提供一些有用的信息，因为这种类型的图形是通过交易笔数来衡量价格行为，但并不考虑交易中的成交量或成交额。

也就是说，一个设置为1000个ticks的图形将在每1000个ticks完成时产生一根新的K线，但在每1000笔交易中，交易的金额会有所不同。因为在一个tick中，成交量可能是不同的。

2.4.2 等量图

tick图和等量图的区别在于成交金额。tick图衡量的是交易笔数，而不是成交量，但等量图衡量的是在一个新的K线产生之前的成交量。

例如，图形参数设置为1000的等量图，无论有多少笔交易被完成，只要成交量超过1000，它就会产生一个新的K线。

使用等量图的负面影响是，它无法使用成交量分析技术。图2-13中有一根成交量柱体较低，是因为这是当日交易结束时生成的日内最后一根分时K线对应的成交量。

图2-13

2.4.3 等价图

前面介绍的两类图形是基于成交量数据生成的，而等价图是基于价格数据生成的（见图2-14）。

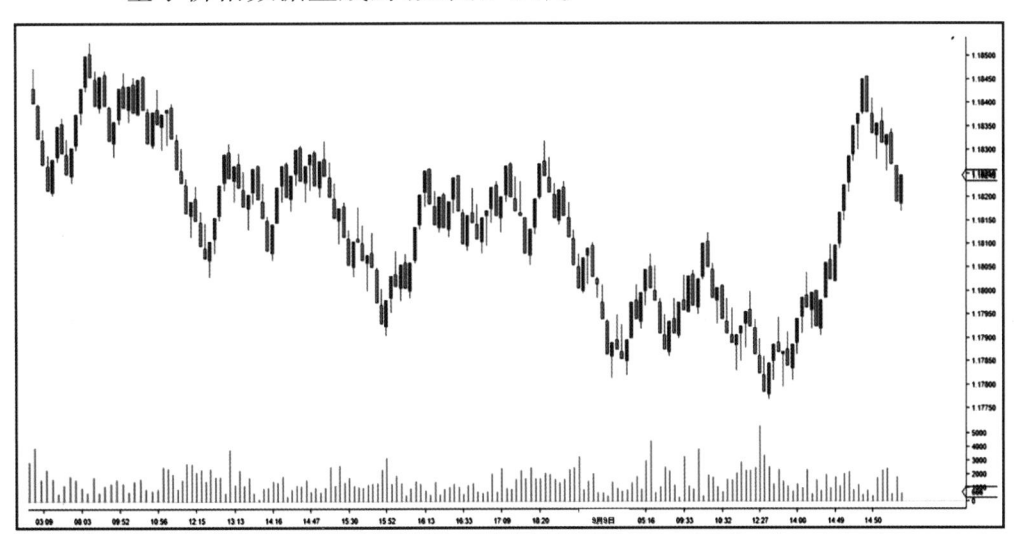

图2-14

这类图形通过价格运动来展现市场活动。无论这些K线耗时多久画成，它都将以相同的长度显示。

如果图形区间设置为15，当价格在一个方向或另一个方向移动15个价位时，新的K线就会产生。在高波动的环境中，会出现更多的K线，反之在低波动的环境中，则会出现较少的K线。

2.5 成交量分析工具

基于成交明细的分析工具，可以看到以不同方式参与市场的买家和卖家之间的所有交易行为。我们根据订单类型来对其分类，因为并非所有这些工具都是基于相同的交易数据。

● 委托订单分析工具：订单簿，也叫市场深度（DOM）。

● 已执行订单的分析工具：成交明细（Time & Sales）和足迹图（Footprint）。

我们将指出它们最重要的特点，以便于读者对每一个工具的特点有基本的了解。

2.5.1 订单簿

所有待执行订单(代表流动性)都在订单簿中，委买代表限价买单，委卖代表限价卖单。

市场上大多数软件中只能显示当前价格上下十档盘口。但在十档之外，仍然会有流动性的存在，只有那些拥有level3行情的人才能看到，见图2-15（在欧美交易的领域内，level3对应着上交所和深交所的level2行情，level2与国内的level1五档行情类似，而level1只有一档盘口）。

我们看一下订单簿的常见问题。

其中一个问题是，我们能在订单簿上看到的流动性是有偏差的，因为真实情况下还有很多隐藏订单没有展示在订单簿上。在订单簿上可以看到的流动性来自公开展示的限价单，但市价单无法在订单簿中看到，因为它们是由立即执行的主动交易行为产生的。另一方面，止损单在到达对应价格时也会成为市价单，也不会在订单簿中显示。除此之外，在订单的高级功能中所看到的一些指令也不会在订单簿中显示，所以我们在订单簿中看到的只是待执行的全部订单中的一部分。

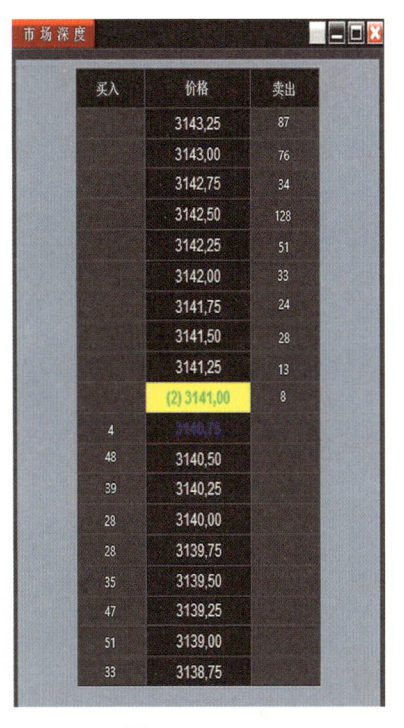

图2-15

订单簿作为基于被动挂单的数据分析工具的问题是，这些待执行的订单可以在执行前的任何时候被撤销，因此可能会出现基于算法进行的不同形式的操纵。

欺骗单

欺骗单在订单簿两侧挂上更多的限价单，而不打算实际执行。其目的是给人一种"不可逾越的障碍"的印象，使价格向反方向移动。它们是虚假的订单，因为当价格即将达到其水平时，它们会被取消，而不是被执行。

我们可以通过欺骗单的行为去了解限价单是如何影响价格走势的。之前我们提到，限价单本身并不会推动市场价格变化，但我们可以看到价格在某些时刻被欺骗单的操作影响而移动。欺骗单不是想被成交的限价单，它只是通过影响人们的情绪间接地改变价格走势。

想象一下，现在我们看到每个价位有大约50手的限价单。如果你突然在某个价位看到500手的限价单，其他参与者会怎么想？通常的看法是，他们认为价格越过这个水平要花费巨大的代价，因此缺乏买入的兴趣，这会导致价格向反方向移动。大型交易商会通过这种操纵行为，使得价格向他们想要的方向发展。

冰山订单

冰山订单是将一个大的限价单分割成一系列小订单的过程。

冰山订单的动机是交易者试图隐藏自己限价单的规模。冰山订单主要由机构交易者使用，他们希望在有利的价格范围内通过算法交易促成大量成交。

冰山订单是非常直观的，从表面看是正常的挂单量，但你不知道的是，这个订单只是一个更大的订单的一部分。当这一小部分订单被市场消耗掉后，其他订单就会迅速补充进来。

这里定义"吸收"的概念：所有的市价买入订单都被冰山订单吸收，不允许价格上涨。反之同理。

2.5.2 成交明细

通过成交明细可以实时看到所有已经执行的订单的交易情况。由于市场的成交速度不同，对成交明细的分析会变得非常复杂。

根据交易软件的不同，我们可以获得不同类型的信息。通常包括执行时间、价格水平和成交数量（见图2-16）。

成交明细对于识别在单一订单中执行的大量交易，即"大资金"，非常有用。更高级的数据还允许将订单分组执行，看到交易者同一笔交易的订单拆分。

与订单簿相比，成交明细的优势在于，成交明细代表已经执行的订单，不容易被操纵。

通过分析成交明细进行操作并不是每个人都能做到的，因为这需要丰富的经验，而且由于成交明细移动速度非常快，还需要有很强的专注力。

图2-16

2.5.3 足迹图

当大多数人提到订单流时，他们实际上指的是订单流中的足迹图，订单流是一个宽泛的概念，顾名思义，就是订单状态。"足迹图"将成交明细提供的数据(已执行的订单)绘制成图形，并以可视化的方式展示成交数据。这就像在K线图里面放了一个放大镜，可以观察每个价位上执行的成交细节。

分析足迹图的好处是，它允许我们最大限度地量化买方和卖方之间的交易行为，观察买卖双方之间的平衡和失衡，以及能够确定在哪根K线上有更多的成交量。足迹图是解读市场最重要的工具，也是订单流体系的核心。

不同类型的足迹图设置：

基于图形类型：可以基于等时间、等价、等量或其他类型的K线。

展现形式：可以展示Delta与失衡、设置分布图、直方图、梯形图或委买委卖展示图。

这是一个可自由配置的工具，一般包括多种功能，使用的目的是寻找失衡、吸收、主动买卖方、未完成的拍卖、密集区、大单成交等(见图2-17)。

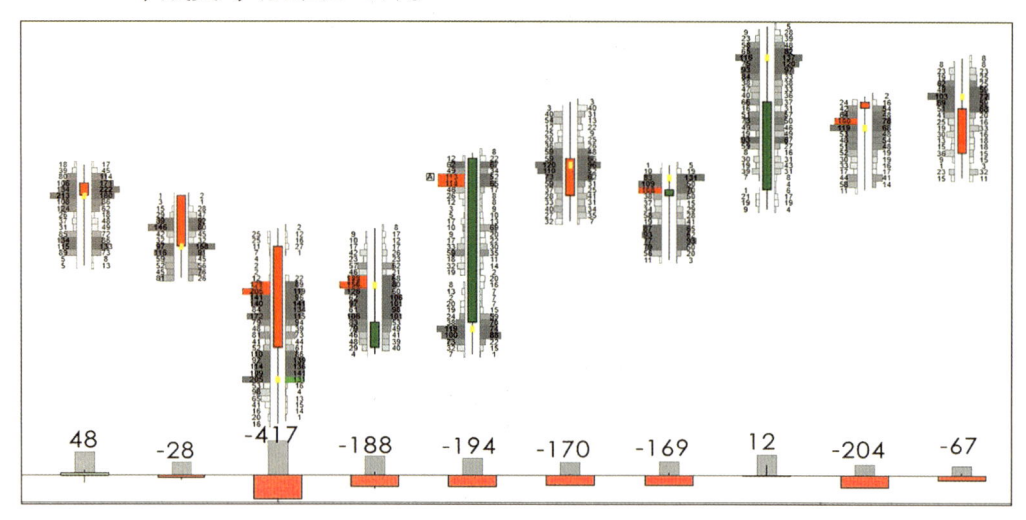

图2-17

一旦你深入了解订单的执行方式，你会明白足迹图分析是主观的，仅仅基于这个工具而不结合市场其他因素的交易是不可取的。

2.5.4 Delta

在订单流的世界里，一个更流行的工具是Delta。Delta是一个指标，它简单地衡量了在特定周期内已执行委卖成交量与已执行委买成交量之间的差值。如果差值是正的，Delta将是正的，反之亦然。此外，Delta也可以被可视化，会有各种指标去展示它们(见图2-18)。

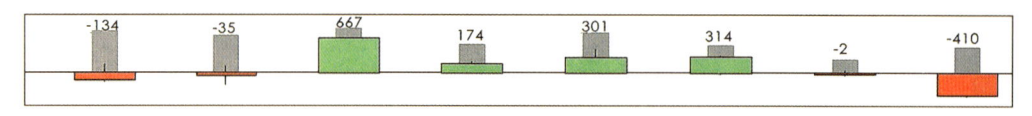

图2-18

所有在委卖价格上交易的量都是"买入"，所有在委买价格上成交的量都是"卖出"，这代表着交易是具有方向性的，也就是说，Delta代表市场有意向多空中的一方施加压力。但是，为什么我们有时会看到带有正Delta的下跌走势和带有负Delta的上涨走势？相信我，事情没有那么简单。因为这种情况的发生与Delta和订单匹配撮合有关。

Delta的展示方式有两种，一种是按照单根K线统计的，横轴的数值为0，根据已完成的K线，在竖轴上显示为正值或负值。另外一种累积的统计形式，它是连续绘制的。

Delta在每笔交易执行后都会被更新，像价格一样，在它的高低点处会出现上下影线。如果我们观察到Delta的下部有一个下影线，这意味着在K线内部的某一时刻之前（下影线出现的时刻），委买栏上的成交占据了主动，但是从转折点开始，交易转向为在委卖栏上的成交，留下了下影线。

对Delta的分析也像分析足迹图一样，单一的Delta维度并不能向我们展示市场的全貌，但是它给我们提供了很多有用的信息。

2.6 理解订单撮合机制

作为基础我们必须明确一些基本概念，这将有助于我们理解后续的内容。

1.一个买单必然与一个卖单相匹配。

2.一个主动订单必然与一个被动订单相匹配。

3.在图2-19中，最后一列表现的是主动买入与主动卖出行为。

市场行为	撮合行为	表现为
市价买入	限价卖出	主动性买入
限价买入	市价卖出	主动性卖出
市价买入止损	限价卖出	主动性买入
限价买入止损	市价卖出	主动性卖出
市价卖出	限价买入	主动性买入
限价卖出	市价买入	主动性卖出
市价卖出止损	限价买入	主动性买入
限价卖出止损	市价买入	主动性卖出

图2-19

理解市场的前提是了解订单的撮合机制。

1.当市价止损单被触发时，就变成了市价单。

2.当限价止损单被触发时，就变成了限价单。

市价买入作用的机制是，寻找位于订单簿中的第一个限价单来匹配。市价卖出的机制也是一样的。

限价单的作用机制是，被动交易者将他的订单放置在订单簿的两侧，直到能匹配他的订单的主动交易者到来。

在快速交易的市场中每天都在重复发生这样的事情。无论用什么类型的订单进入市场，最终的结果总是一个主动的订单与一个被动的订单结合（见图2-20）。

| 市价买入 | × | 限价卖出= | 主动性买入 |
| 市价卖出 | × | 限价买入= | 主动性卖出 |

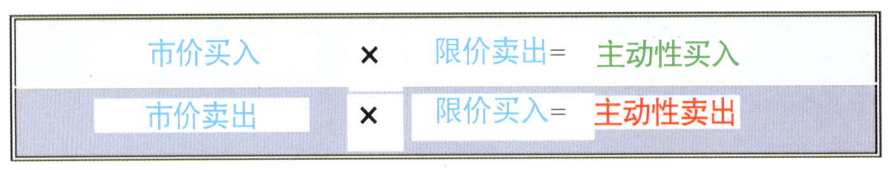

图2-20

而这些订单中展示出来的性质取决于主动发起方：

1.市价买入与限价卖出相交，显示为主动买入，因为发起交易的是主动买入方。

2.市价卖出与限价买入相交，显示为主动卖出，因为发起交易的是主动卖出方。

现在让我们做一个推理分析，以助于读者理解这个问题（见图2-21）。以一个持有空头头寸的交易者为例，退出市场过程可以是：

1.不管获利还是亏损，直接以市价买入退出（显示为主动买入）。

2.止损退出，订单是止损买入（显示为主动买入，因为是用市价买入止损）。

3.止盈退出，订单是限价买入（显示为主动卖出，因为限价买入会与一个市价卖出结合）。

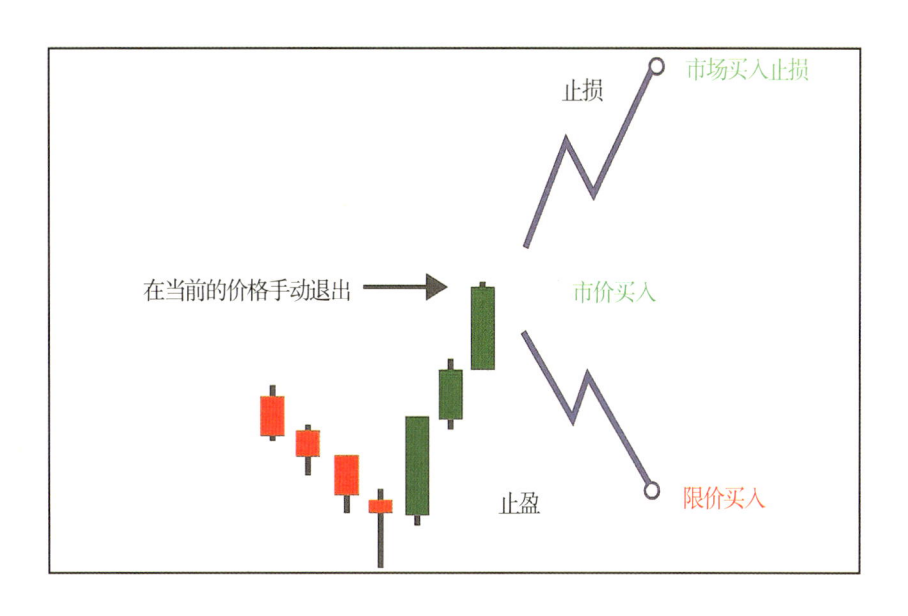

图2-21

同样一个以多头头寸进入市场的交易者可以通过三种方式退出市场（见图2-22）：

1.不管获利还是亏损，直接以市价卖出退出（显示为主动卖出）。

2.止损退出，订单是卖出止损（判定为主动买入，因为是用市价卖出止损）。

3.止盈退出，订单是限价卖出（判定为主动买入，因为限价卖出会与一个市价买入结合）。

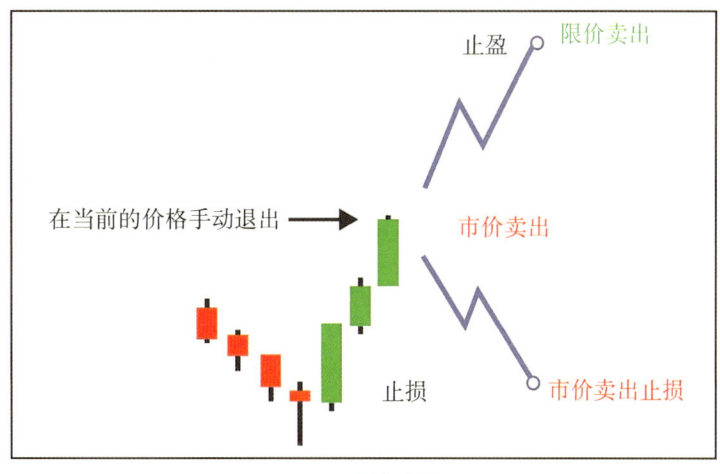

图2-22

这里需要强调，同样的平仓行为可以有不同的属性，这是由订单性质（主动买入、主动卖出）决定的。

能理解这一点非常重要。目前许多关于订单流的分析与理解都是错误的，因为分析问题的前提就已经错误了。

并不是所有主动买单都是为了给市场增加购买压力而买入的，也不是所有主动卖单都是为了增加卖出压力而卖出的。在分析订单流及其衍生问题时，核心关注点就在这里。

委卖栏中订单的执行是市价买入与限价卖出对应的过程；委买栏中订单的执行是市价卖出与限价买入对应的过程，但我们不知道背后具体的交易意图（见图2-23）。

在订单簿买方的成交意图	在订单簿卖方的成交意图
主动性卖出	主动性买入
被动性买入	被动性卖出
手动完成买入	手动完成卖出
买入形式止损	卖出形式止损
买入形式止盈	卖出形式止盈

图2-23

订单流分析中错误的主要来源，是把在委卖栏中执行的所有订单都归结为主动买入，将委买栏中执行的所有订单都归结为主动卖出。我们能够通过订单流去辨别主动与被动的买入和卖出行为，但并不能知道这些订单的来源/意图是什么。

如果止损买入和限价卖出的止盈订单匹配，会发生什么？这种类型的订单将被反映在委卖栏中，但是否真的有给市场增加购买压力呢？显然不是，正如我们之前分析的那样，两个交易者都会退出市场，但他们的交易却会以委卖栏的形式呈现。这也是订单流分析存在的问题：它仍然是一个较为主观的工具。

当你不完全了解订单的工作原理时，会更加加深你对订单流的误解。例如：有人触发了买入头寸的止损（市价卖出），有人想从限价买入中获利，这两个人的订单可能被匹配。这种订单将反映在委买栏上，但两者都在退出市场，但没有形成新的卖出压力。

此外，还有两种不同的情况说明了订单流其他问题。

2.6.1　第一个问题：价格背离

如图2-24所示，我们在足迹图中看到价格在向上推动，在顶部出现了主动买入的迹象，紧接着价格向下转向，这里会有几种观点。

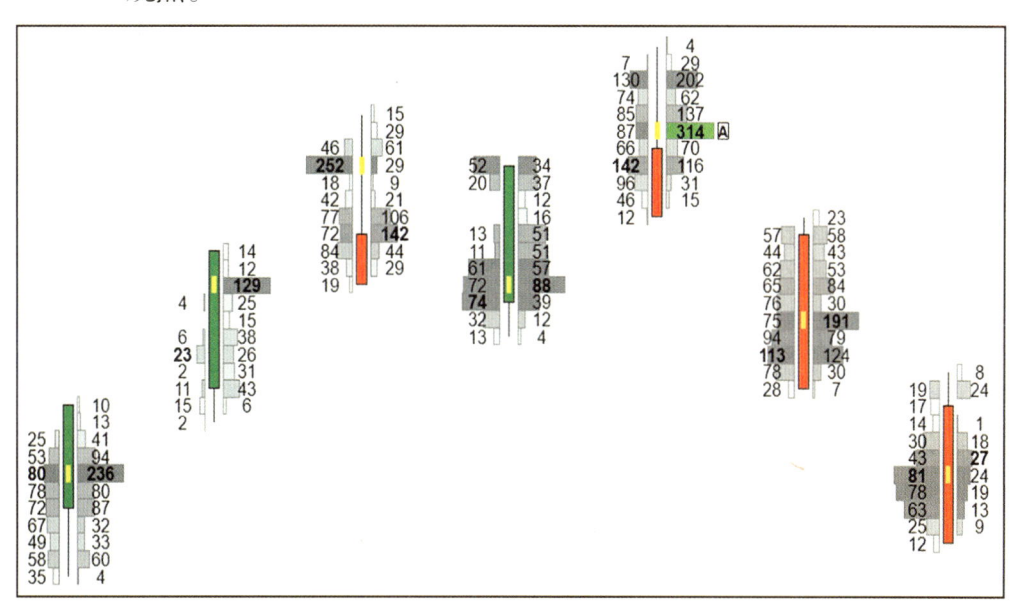

图2-24

第一类观点认为这里是被套牢的买家（主动入场的买家）；第二类观点认为此处是空头的止损；第三类观点是多头头寸的获利了结；最后还有一些观点认为这里是被动卖家的进入（限价卖出的吸收过程）。

所有这些观点都可能是对的。此外，在这里Delta有可能是负的，如果这样就会产生量价分歧。

这就是订单流分析的关键问题。在真实的市场条件下，我们无法准确地判定这些订单的真实意图。在许多情况下，为了证明所提出的猜想是合理的，我们会主观判断市场行为。例如，一个正在寻找看跌走势的人或已经成为空头的人，会看到那些在委卖栏上交易的大额主动买入订单，并认为它们是"被套牢的买家"，因为这样想可以满足他们提前设想好的"看跌行为"。

在这个例子中，我们唯一知道的是，由于它出现在委卖栏中，它是买入市价单和卖出限价单之间的结合，但断然说它是主动买入，也不是很准确的。

因此，在使用订单流时，最合理的做法是将分析置于一个合理的框架下，例如威科夫理论。这样做的原因是，由于订单匹配的复杂性质，失衡会在图形的各处出现，结合其他分析框架会得到一些更有意义的结果。

2.6.2　第二个问题：Delta背离

当Delta与价格不一致时会发生什么？

在Delta为正的情况下，价格一般是上升的；而在Delta为负的情况下，价格一般是下降的。当我们在上涨的K线上观察到负的Delta，或者在下跌的K线上观察到正的Delta，就会出现背离（见图2-25）。

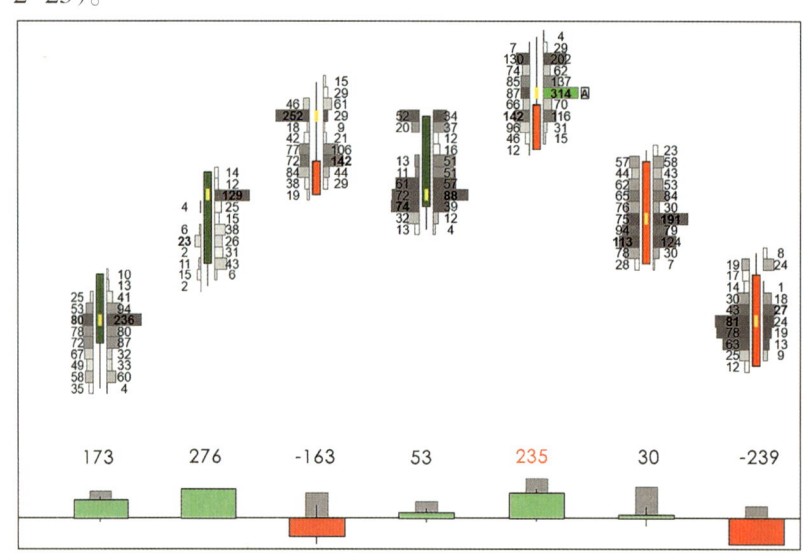

图2-25

如果委卖栏上出现的都是积极买盘，那么正的Delta就不可能导致K线下跌。

继续上面的例子，我们看到引发转折的下跌K线有一个正Delta（+235）。

这种情况背后的原因如下：正的Delta可能是许多积极的买入（市价买入）被被动的卖出（限价卖出）所阻挡，不允许价格上涨的结果，所有这些订单出现在委卖栏中。随后，如果在委买栏中没有什么需求（很少的限价买入），主动抛售会导致价格向下移动，最终会引起下跌K线伴随着负Delta的结构（见图2-26）。

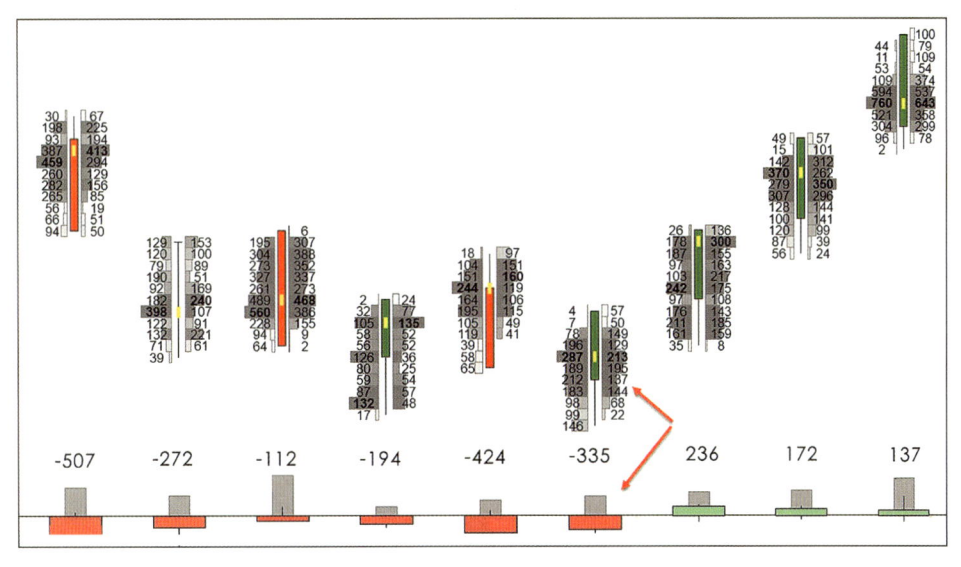

图2-26

你可能已经得出了结论，Delta的背离隐含着"吸收"的概念，所以如果背离出现在合适的地方，通常预示着潜在的转折。这并不是说所有的背离都会是转折，因为有时这些背离会发生在一个交易者没有兴趣的区域，并且背后没有吸收的意图。

2.6.3 量价交易者

归根结底，交易者的任务是识别供需之间的失衡何时发生，这些最终将显示在价格和成交量的图形上。

一个只考虑量价关系的交易者可能会在入场时有一些滞后，而且没有更深度的信息可用（成交明细和足迹图），但他们的交易将更加平淡，也不必解释那些订单背后的意图。

在前面的价格背离的例子中，单纯分析价格和成交量的交易者只会关注这里的量价行为发生了异常。大量被执行的订单很可能会伴随着成交量的增加与很小的价格变化，这里已经产生了分歧。随后价格向下转折将证实这一异常现象。

除了评估是否出现了止损、获利了结、空头头寸或者被套牢的买家，最重要的是了解价格最终如何运行。不观察订单流的量价交易者或许也会得出同样的结论，但这需要大量的学习与丰富的交易经验。

2.6.4 总结

除了订单的撮合机制外，我们还要回顾之前讨论的在市场上的不同类型的参与者和他们行动背后的意图(对冲、投机和套利)。这些参与者执行的订单也显示在委买栏和委卖栏上，不是所有的人参与市场都有方向性，学习订单流最终目的是要寻找积极推动价格变化的人。

这非常重要，因为在积极入市寻求从价格变动中获利的情况下，唯一会主动捍卫自己仓位的是投机性交易者。我们可能会看到在某一个价位上执行了一个大的订单，它可能来自一个机构，目的是弥补在另一个平行市场上持有的头寸，也可能是套利策略。

小结：

1.不是所有的参与者都带着投机的目的来到市场。

2.订单的匹配不能确定交易的来源。因此，我们得出的结论是，独立使用订单流是没有意义的，在任何情况下，它都不能为我们提供市场上最重要的确定因素：市场背景，以及知道我们将在哪里交易，在哪个方向交易。为了能够进行详尽分析并制订交易计划，我们一定要清楚地理解本章所讲的内容。

3. 成交量分布

　　成交量分布是市场分布的一个变种，市场分布是施泰德·迈尔在1985年为芝加哥期货交易所设计的工具。施泰德·迈尔是期货，期权等衍生品的交易员，有超过40年的工作经验。这种新的交易过程的展示方式，最初只针对芝加哥期货交易所会员开放，但很快就传遍了世界，这是一种较为有效的分析市场的方式。

　　成交量分布是客观的，且为分析市场和交易提供了有效信息。

　　通过对成交量分布的分析，我们要回到拍卖市场理论中所提出的概念。我们并不专注于确定某些特定订单的意图，而是拓宽视野，确定重要的交易区域。

　　成交量分布不是一个传统指标，它是成交量数据的一种展示方式，非常清楚地给出了在不同价位上的成交量。

3.1 拍卖理论与成交量分布

　　成交量分布使用了拍卖理论的原则，在图形上对关键区域进行可视化。通过对关键区域的成交量进行统计，对产生在特定区域的交易行为进行判断。

　　成交量分布能确定市场中交易者最感兴趣的区域，同时可以评估价格在当前区域是被接受还是被拒绝。

　　市场是有记忆的，并倾向于重复以前的行为。因此可以预期在某些重要位置会出现与过去相同的价格行为。

　　需要注意的是，市场记忆大多是短期的。这意味着新的交易区域比旧的交易区域更重要。如果价格发生了失衡，首要考虑的区域将是最近的平衡区域。

价格离开某个特定的区域时间越长，它的意义就越小。如果没有其他参照，则这个区域就仍然具有参考价值。市场首先要寻找的很可能是最近的平衡区域，这是当前最具有代表性的区域。

3.2 成交量分布的组成

成交量分布是一个水平方向的直方图，其数值是成交量在各个价位上的分布，即对当前价位上的成交量的累计求和（见图3-1）。

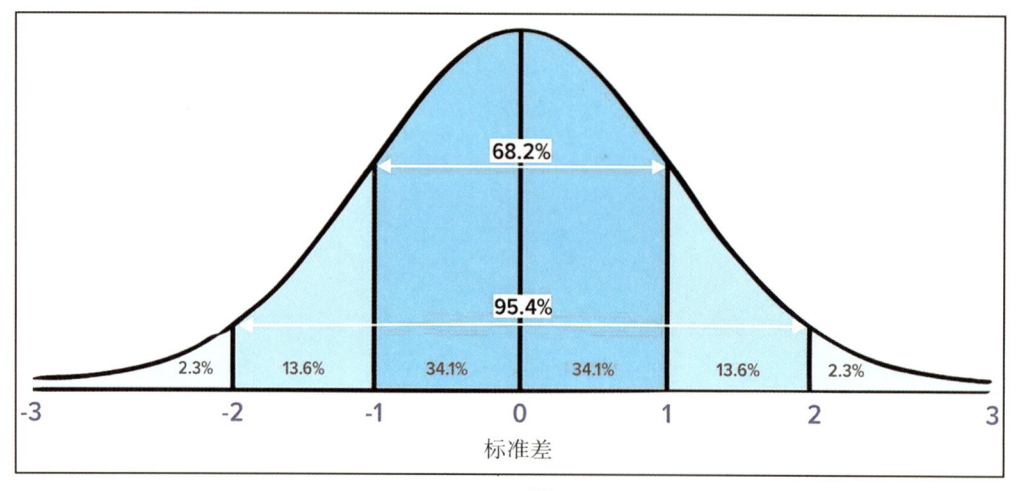

图3-1

根据每个价位上的成交量的不同，成交量分布的形状会有所不同。单一价格上水平线的长度，代表该价位上成交量的大小。

作为参考，我们将借助正态分布来理解重要的统计概念。

1.平均数、中位数和众数在中心点上呈现对称分布。

2.每边都有三个标准差，描述的是平均数的变化量，是衡量波动性的一种方法。

3.第一个标准差内包含了68.2%的数据，第二个标准差内包含了95.4%的数据。

3.2.1 价值区域

下面是一个正态分布的案例，即成交量分布在中心点的上下。

成交量分布代表成交量在价格轴上的累积。价值区域由价值区域高点和低点确定，通常包含了一个标准差，该区域的成交量占总成交量的68.2%。它是成交量分布图中成交量最大的区域，也被认为是资金接受的区域。

价值区域以外的成交量占剩余的31.8%，这是成交量较小的区域，也被认为是资金拒绝的区域。

价值区域中的低点（VAL）和高点（VAH）将被视为支撑位和阻力位，市场会在这里发生震荡，直到产生方向。而价值区域的宽度提供了更多市场线索。一个宽幅度的价值区域表明大量的交易者参与进来，每个人都可以按照他们预期的价格进行买卖，而一个狭窄的价值区域则是交易不活跃的标志（见图3-2）。

图3-2

3.2.2 极端点

极端点是成交量分布图中达到的最高点和最低点的价格，这些价位应该被视为关键的参考点。

在极端点产生的交易，可以分为完成的和未完成的拍卖。

完成的拍卖表现为价格向末端运动的时候，成交量不断地减少。当价格到达远离价值区域的价位时，市场缺乏流动性，并出现明显的拒绝行为。就本质而言，它是一个低成交量点。

当价格达到一个高点时，一些空头会认为这里是一个有利的做空机会，从而进场并造成了价格的拒绝。此时若成交量减少，则表明多方力量的枯竭。

未完成的拍卖表现为在价格的末端出现的高成交量节点。隐含地表示了价格在这个区域的波动情况，尽管价格曾经偏离此区域，但后续会重新回到这个区间。在未来的价格波动中，要评估价格回到此区域时的资金意图，当然，这里价格可能转向，也可能会沿着当前方向继续运行（见图3-3）。

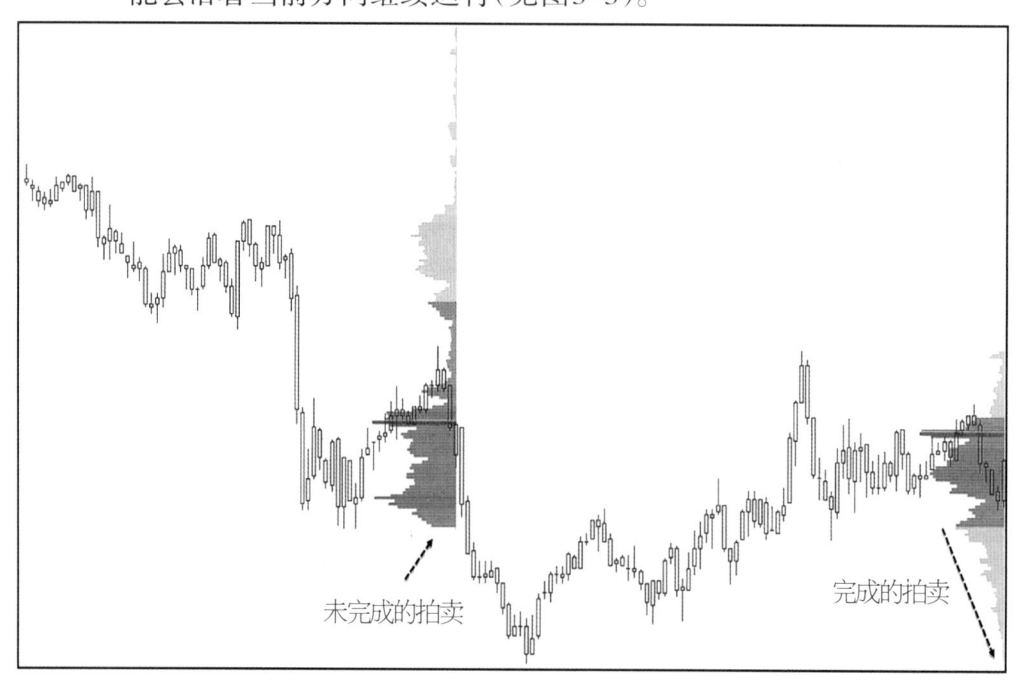

图3-3

完成和未完成的拍卖的概念非常有用。举例来说，如果我们正在评估价格离开平衡区并且直接向上突破的可能性，我们希望看到在该区域的底部有一个完成的拍卖，表示市场对这里的交易缺乏兴趣。如果观察到一个潜在的未完成的拍卖，那么在开始上升之前，价格会回到那个位置，以测试市场对该区域的认可。

当我们不确定当前处于完成的还是未完成的拍卖时，最好把它当作完成的拍卖，因为未完成的拍卖应该是非常直观的，并且不涉及很多主观因素。一般来讲，我们要把未完成的拍卖视为成交量分布图中的异常情况，多数情况下，当前价位将与价值区域中高点或低点相重合（见图3-4）。

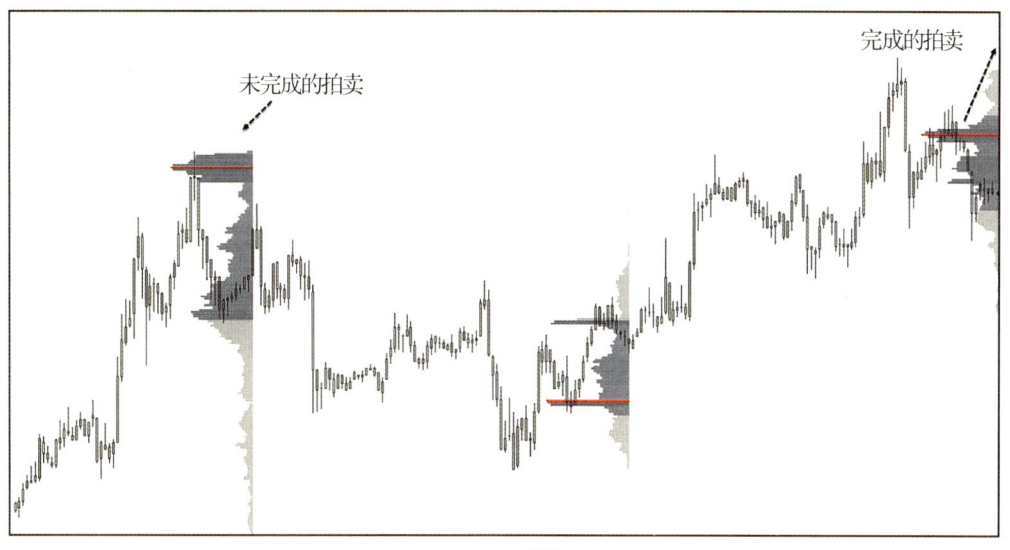

图3-4

在市场分布中，完成的拍卖和未完成的拍卖是客观的：未完成的拍卖末端会出现两个以上价格时间机会，一个完成的拍卖将在末端用一个TPO（价格时间机会）表示（见图3-5）。

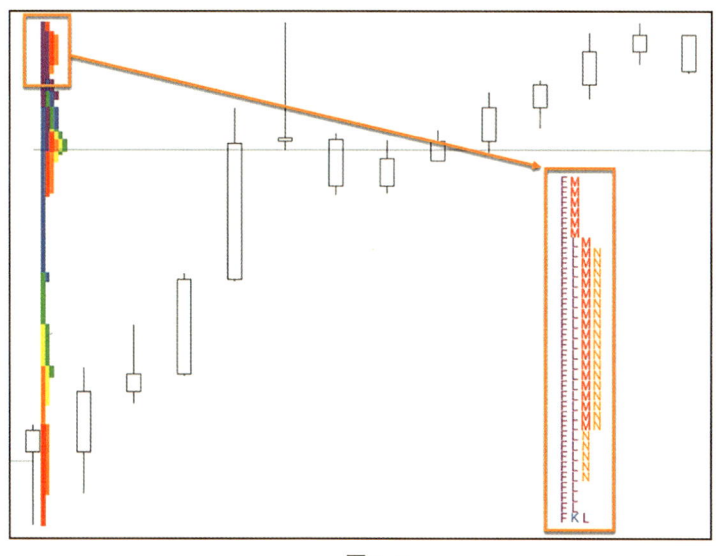

图3-5

3.2.3 成交量控制点

成交量控制点是成交量分布中成交量最集中的价位。它代表了买卖双方共同接受的价位，并且是价值区域计算的起点。

市场中大部分成交量源于机构交易者，成交量控制点是机构交易者积累大部分头寸的地方。他们通常在一定的价格范围内积累头寸，成交量控制点代表了一个基准，即买卖双方最重视的价格。

由于成交量控制点会引起大量交易，最好避免在其附近交易。市场参与者之间的共识将导致价格围绕这一价位波动。除非新的消息会造成市场参与者的认知出现分歧，否则价格围绕成交量控制点波动的过程将会持续下去。

成交量控制点告诉我们谁在控制市场。如果价格高于它，买方将控制市场，此时买入是理想的选择，如果价格低于它，卖方控制市场，此时卖空将是理想的选择。

请记住，成交量控制点是一个高成交量节点，但并非所有的高成交量节点都是成交量控制点。

3.2.4 成交量加权移动平均价

如果有一个指标被大型机构交易者所广泛关注的话，那就是成交量加权移动平均价。大量的交易发生在这一成交量加权移动平均价上，这也是为什么它如此重要。

成交量加权移动平均价代表了在特定时间内所有交易的平均交易价格。计算公式如下：

$$成交量加权移动平均价 = \frac{一笔的成交量 \times 每一笔的成交价格}{总的成交量}$$

举例来说，如果成交量加权移动平均价线上的成交量与成交量加权移动平均价线下的成交量相同，当价格再次回到成交量加权移动平均价时，价格上涨或下跌的概率是相同的。

它像传统的移动平均线一样显示在图形上，位置随着交易的进行而变化。一般来说，根据交易风格的不同，人们会使用日线、周线或月线级别的成交量加权移动平均价。

成交量加权移动平均价是当前时间节点下的价格平均值,一般来说,如果价格低于成交量加权移动平均价,我们认为此时是低于成本买入,如果价格高于成交量加权移动平均价,则是高于成本买入(见图3-6)。

机构交易者将成交量加权移动平均价作为判断其交易执行质量的重要指标,因此成交量加权移动平均价和机构交易者的交易行为具有较高相关性。事实上,很多交易者都把成交量加权移动平均价当作重要的交易价位。

当交易员收到一个执行命令时,他们不会一次性执行所有的交易,而是分批执行这些交易,因为机构中交易员的工作绩效将基于成交量加权移动平均价来评估。

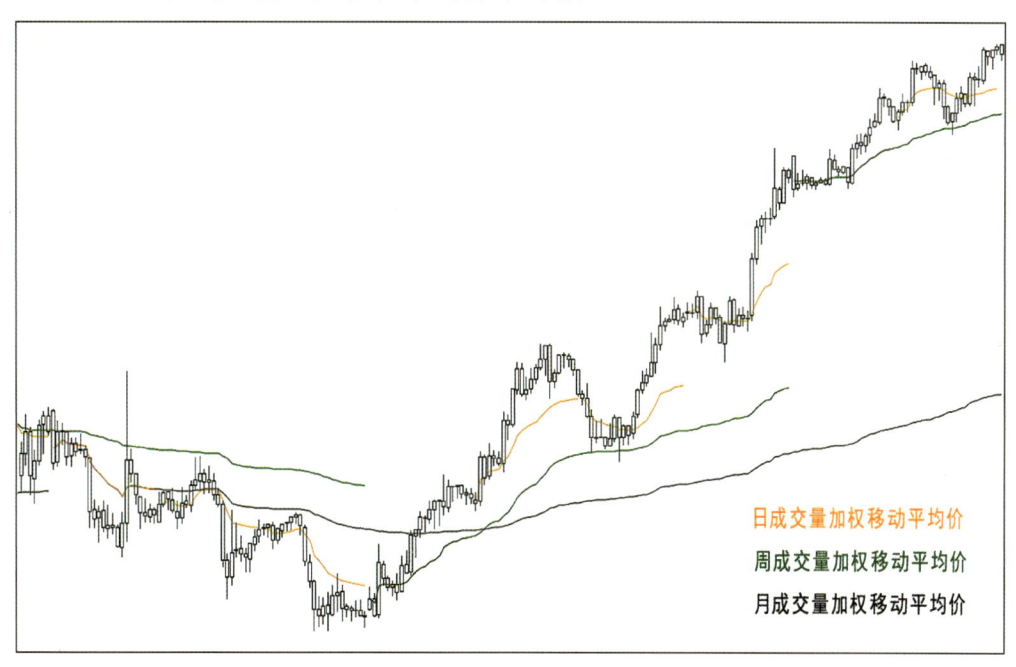

图3-6

由于成交量加权移动平均价代表重要的价格平衡位置,我们可以通过在成交量加权移动平均价上下浮动到两个标准差来衡量我们的买卖位置。价格到达某个标准差并不意味着它即将反转,但是可以把它作为一个参考加入到我们的分析之中。

但是，对成交量加权移动平均价标准偏差带要谨慎对待，因为一切都受制于对当时市场价值的评估。在平衡市场中，低于成交量加权移动平均价的价格是便宜的，而高于成交量加权移动平均价的价格是昂贵的。但在市场失衡的时候，成交量加权移动平均价不再代表有效的市场，因为此时对价值的看法已经改变。

根据时间周期的不同，我们可以使用不同级别的成交量加权移动平均价。最常用的是短期交易者的日线级别的成交量加权移动平均价，以及用于中长期交易者的周线级别的成交量加权移动平均价和月线级别的成交量加权移动平均价。

3.2.5 高成交量节点

高成交量节点代表了所有市场参与者最关注的价格区域，因为买方和卖方都愿意在这里进行交易。它是成交量分布图中的峰值部分（见图3-7）。

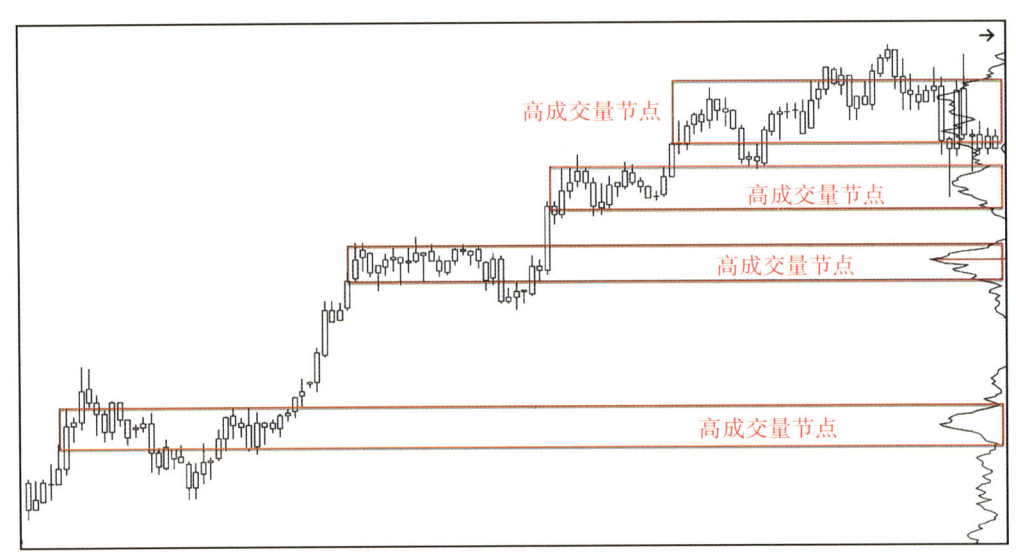

图3-7

尽管我们在这个例子中使用了合并的成交量分布图，但基本的原理同样有效，它适用于所有的成交量分布图。

过去的平衡区域就像磁铁一样吸引着价格回归并维持稳定。由于买方和卖方过去的共识，我们预计未来同样如此。高成交量节点产生的平衡区域对设定目标位是非常有效的。

3.2.6 低成交量节点

低成交量节点代表失衡或者价格被市场拒绝的区域。买方和卖方无法顺畅地交易，因此在某种程度上低成交量节点被认为是"不公平"的价格，如果高成交量节点是成交量分布中的峰，那低成交量节点就是成交量分布中的谷。

由于价格在过去没有达成共识，所以未来也不会有共识，并且成为价格拒绝的区域，所以它们是受关注的支撑和阻力区域，可以在这里寻找潜在的入场点。

拒绝可以通过以下两种方式呈现。

第一种，V型反转。

相对于前期的平衡区，人们对标的价格的看法并没有改变，该价格被拒绝。市场反转并重新进入之前的买家和卖家都认可的平衡区域。

触发这种价格反应的原因是在该区域上方放置的限价单，他们阻止了价格的继续移动，随后市场主动卖出，确认了V型反转并返回到之前的价值区域。

例如，图3-8中可以观察到K线的上影线区域是低成交量节点，暗示价格无法继续上涨。

图3-8

第二种，快速移动。

参与者对价值的看法已经改变，价格发生快速的移动。市场基于新的信息，拒绝了在低成交量节点上交易，并迅速穿过这里。

从技术上看，造成这种快速移动的原因，一部分是止损单被执行，另一部分是触发了市价单入场的动量策略。

从图形上可以观察到大阳线或者大阴线，并且伴随着高成交量。

与高成交量节点一样，在同一个成交量分布图中能显示多个低成交量节点。

3.3 成交量分布的类型

成交量分布是可以根据交易者需要灵活调整的工具。

使用哪种成交量分布图主要是由交易员需要的时间级别以及分析中需要涵盖的内容决定的。

基本类型的成交量分布图有以下几种。

3.3.1 固定范围类型

这种类型的成交量分布图适用性很广泛。它的特点是允许我们在任何区间上，自由设置成交量分布图。

这种成交量分布可以用来识别趋势和震荡。

如果我们看到下跌趋势的市场背景，我们可以在整个下降趋势上绘制成交量分布图，在关键价位上价格可能会有反弹，正是在这些位置，我们要决定是否继续参与趋势行情。在图3-9例子中，我们看到价格在下跌行情中测试成交量控制点并发生转折，之后继续延续下跌趋势。

在震荡的市场背景下，如果将成交量分布运用到威科夫理论中，能够帮助我们确定市场的成交量控制点和价值区域的两侧。在寻找图形结构突破后回调的测试时，这些关键位置是重要的参考依据（见图3-9）。

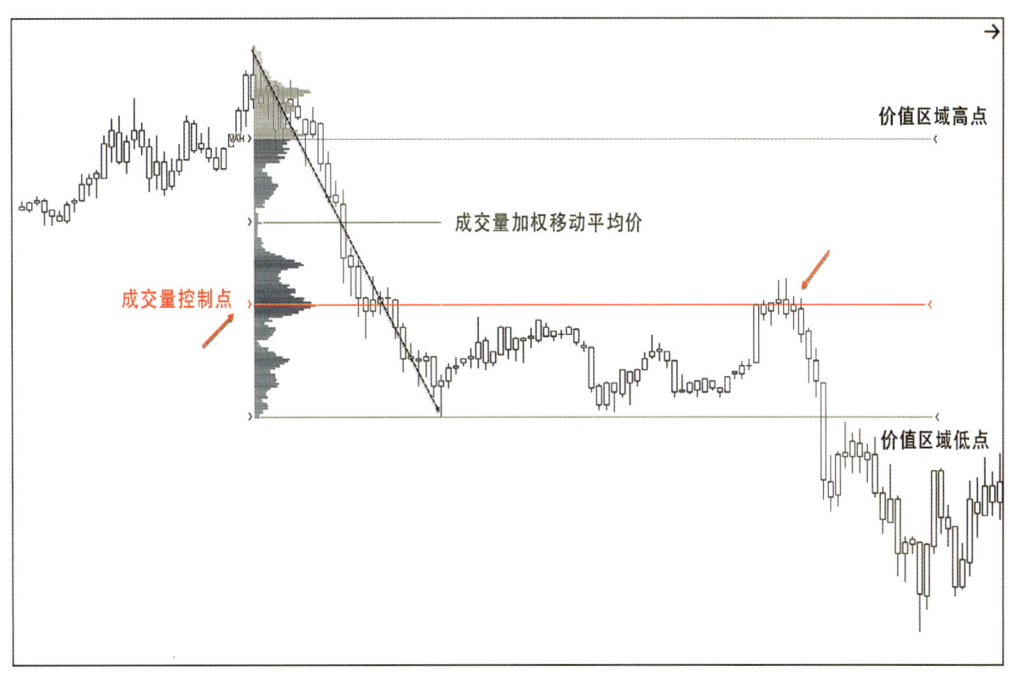

图3-9

与其他类型的成交量分布图不同，固定范围类型是不随时间更新的，只分析特定区域的成交量分布（见图3-10）。

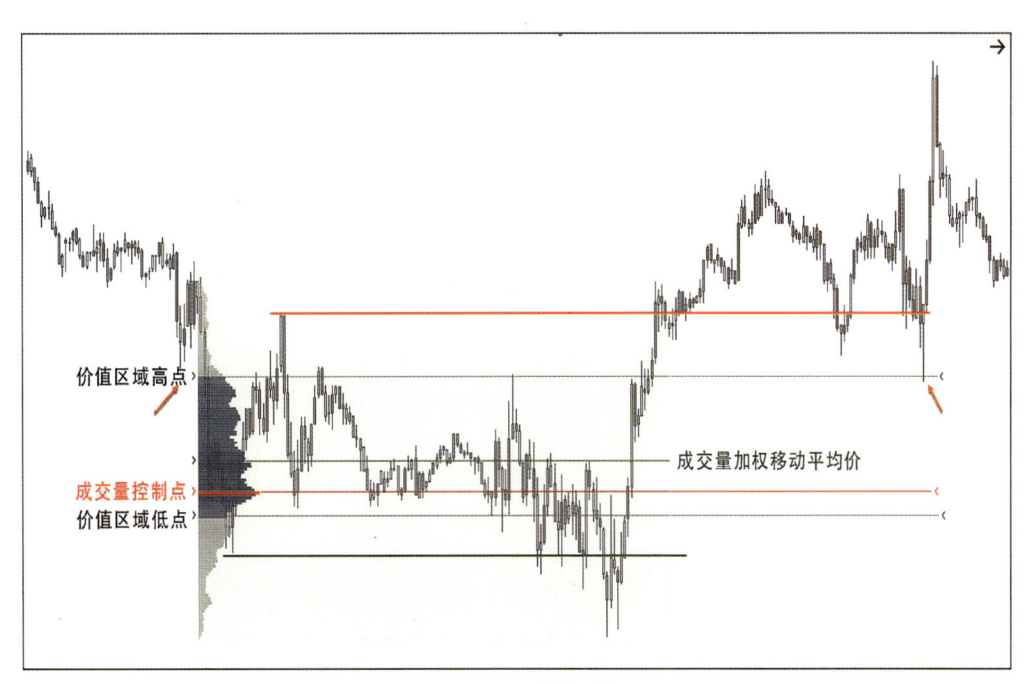

图3-10

成交量分布是通用性工具,并不局限于威科夫理论,当我们看到不同时段的价值区域之间有重叠的情况,绘制整个波段的成交量分布是非常有用的。因为这样的成交量分布能够为我们提供更有价值的分析。

3.3.2 日内分布类型

图3-11是日内的成交量分布。日内成交量分布特别有用,因为它考虑了盘中最重要的交易区域。它的范围从当天交易时间的开始到结束,并随着时间更新。

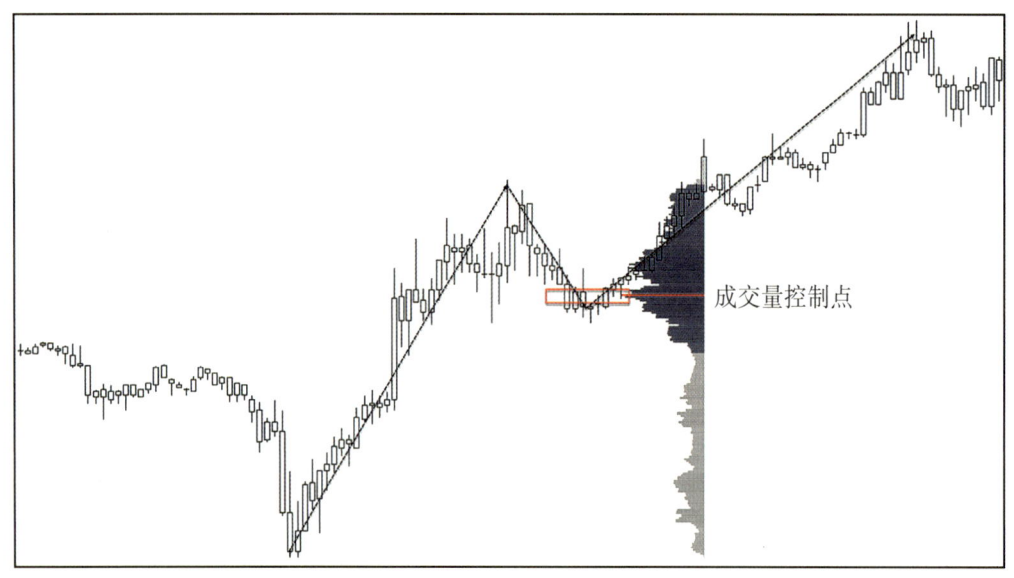

图3-11

短线交易员使用当天的成交量分布和前几个交易日的成交量分布来分析市场。

如果我们观察到一段上升的趋势行情后面紧接着一段震荡,那么寻找趋势行情继续的位置非常重要。正如我们所知,成交量分布中最重要的点位是成交量控制点,所以我们必须等待价格回到此处,未触发我们的入场条件。

另一个需要关注的点是前一交易日的价值区域,如果价格回调至前一交易日的价值区域之上,那么我们期望在前一天价值区域以上继续测试,以寻求看涨逻辑(见图3-12)。

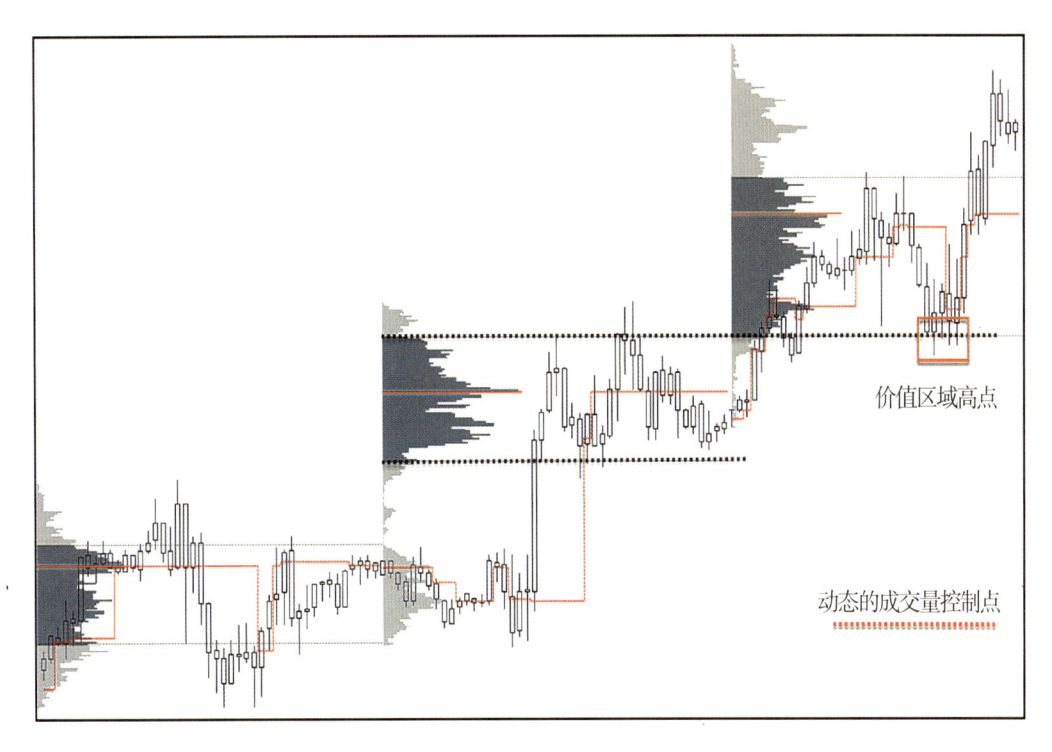

图3-12

3.3.3 综合分布类型

最初，成交量分布图只能按照固定时间段显示，对交易日进行分组统计的想法是由唐纳德·琼斯在他的《基本价值动力分析》一书中引入的，他称之为"需求曲线轮廓"。其目的是试图消除短期市场的噪声，从而更好地了解市场的来龙去脉。

这种类型的成交量分布图可以通过两种方式建立(见图3-13)。

1.固定模式。在固定模式下，我们选择固定长度的时间周期，比如过去一周、过去一个月或者一年的成交量分布。

2.可变模式。可变模式有一个重要的特点，它显示目前在图形上所有的成交量。如果图形随时间更新，那么成交量分布图也会被更新。无论我们在哪个时间周期进行交易，可变模式的成交量分布的最佳用途就是分析整体背景，并确定主要的交易区域(主要是高低成交量节点的位置)。

图3-13

这些区域将有助于在更宏观的背景下表明市场的潜在趋势，以及寻找可能的进场和出场的交易区域。

如果我们需要研究图形结构，那就需要综合地分析市场成交量分布，并在这些长周期的高成交量节点上建立目标位。

另一个用途是在宏观背景下确定一个更大的时间级别低成交量节点，并希望价格在这里进行假突破。如果我们发现了一个潜在的累积结构，并在累积结构的附近发现一个低成交量节点，那么这里产生的弹簧效应是值得关注的。

3.4 垂直和水平成交量的不同

许多人以怀疑的眼光看待成交量分布，认为基于传统（垂直）成交量能够进行可靠的分析时，没有必要考虑成交量分布（实际上成交量分布可以理解为以价格为基础的成交量分布），传统（垂直）成交量可以理解为以时间为基础的成交量分布，在数学机理上，如果用黎曼积分类比传统（垂直）成交量，那么可以用勒贝格积分类比成交量分布。这种说法没什么问题，不同的人需要的信息维度是不同的。问题在于持有这种说法的人没有理解在图形中他们要获得的信息种类。

成交量分布不是作为经典的成交量指标的替代品而开发的。成交量分布提供了不同的信息，是对现有成交量信息的补充。

为了真正理解成交量数据所提供的信息，有必要从两个角度来研究它（见图3-14）。

1.时间上的成交量：垂直展示的经典成交量。它是一段时间内的成交数量，可以判断市场是否处于活跃状态。

2.价格上的成交量：水平展示的成交量分布。它表示在某一价位的成交量，并显示交易者关注的重要价位。

两者为我们提供了关于同一市场行为的不同信息，垂直的成交量与时间有关，而水平的成交量则与价格有关。

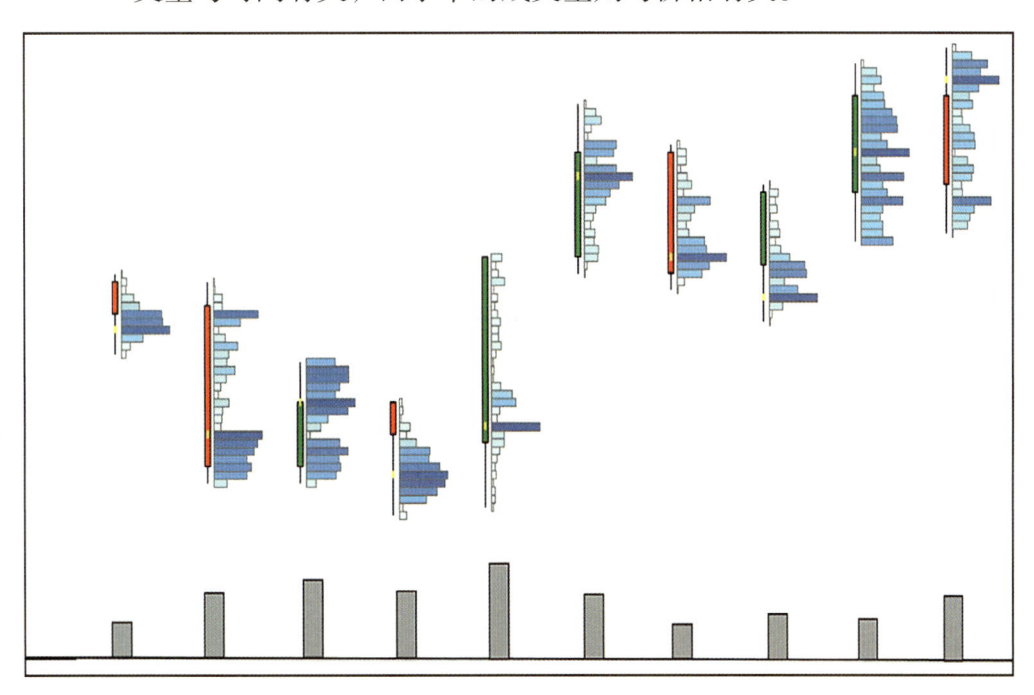

图3-14

通过观察垂直的成交量，我们可以知道，在一根K线中有一定的成交量，但这些成交如何在不同的价位上分布，垂直成交量则不能展示给我们，只能在成交量分布中获得。

3.5　成交量分布与市场分布

成交量分布和市场分布的主要区别是，市场分布是时间在价格维度上的累积，而成交量分布是成交量在价格维度上的累积。

市场分布以字母的形式表示价格数据，其中每个字母(称为TPO或时间价格机会)都按照30分钟计算一次。因此，字母A对应的是开盘后的第一个30分钟，字母B对应的是下一个30分钟，以此类推，直到当天收盘(见图3-15)。

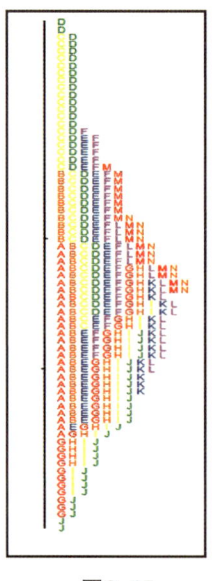

图3-15

使用市场分布的交易员，会分析当天的开盘价与前一天的价值区域，还有初始平衡位置(交易第一小时的)的演变，以确定当天的市场可能发生的走势，并在此基础上提出应对方案。有些交易者只根据前半小时来确定初始平衡位置。

使用成交量分布的交易者通常不考虑初始平衡，但其传递的信息非常有用，原因是：成交量分布的范围越窄，出现日内趋势行情的概率就越大，而范围越宽，则日内震荡的概率越大。市场分布可以有效地、客观地帮助我们确定市场接受或者拒绝某个价位。

但是在成交量分布中，这可能被主观意识所忽略(无法按照字每个数，而是认为判断价位成交量的大小)，而市场分布分析则消除了这种主观意识的随意性。直观看到的是，1个TPO代表拒绝，而两个或更多的TPO代表开始接受。

两种工具(成交量分布和市场分布)在价格分布上看起来非常相似，但不完全相同，因为它们并没有使用相同的数据来展示图形。TPO的累积表明价格将在该价位上停留很长时间，而成交量的累积将告诉我们在该价位上有大量的成交。

成交量分布是根据成交量的累积设计的。成交量最高的价位并不是耗时最长的价位。因为可能在几秒钟内，在某个价位上积累了大量的成交量并迅速反转，在该价位上花费的时间很少但成交量却很大，因此成交量分布的控制点会体现大量的成交累积，而市场分布的控制点则不会(见图3-16)。

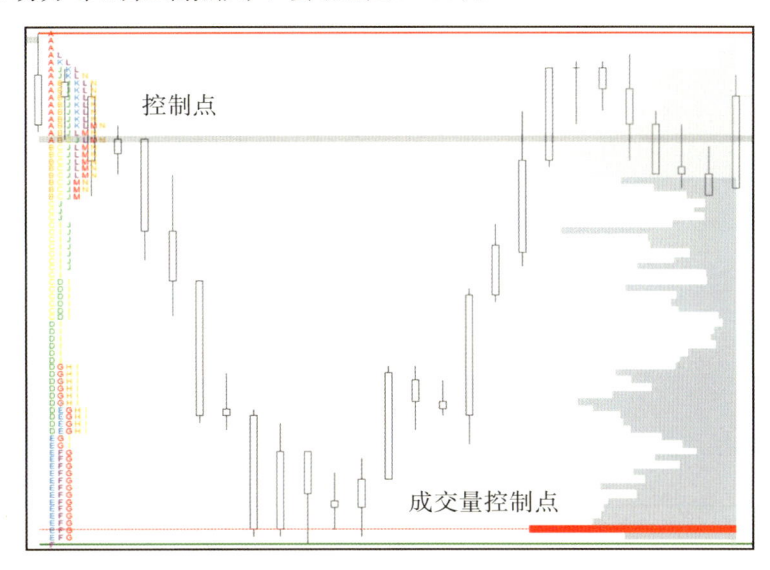

图3-16

由于目前金融市场更强调成交量的重要性，所以使用量价分析(VP)比使用量时分析(MP)更有效。

这并不是说时间变量不重要。时间是市场参与者在特定的时刻，同时也是决定特定市场价值的重要因素。市场在某一特定区域消耗时间的长短无疑是市场对价格接受程度的衡量，也是市场对价值的确认。

3.6 成交量分布的形状

显而易见，市场不会一直呈现D型分布，D型分布表示市场处于平衡状态。

在市场分布中，根据不同类型的分布图，定义了不同类型的交易日（正常日、正常变化日、趋势日、双分布趋势日、非趋势日、中性日、中性极端日）。

事实上，我们总是想控制一切，需要为每个市场行为寻找逻辑。虽然通过识别成交量分布的形状，来对每一个交易日定性对于我们来说可能是有效的，但是从交易的角度来看，这似乎不是一个非常有用的方法，因为这些分类是通过盘后分析完成确认的。

此外，随着时间的推移，已经有证据表明，仅仅根据前一天的成交量分布，不可能持续地预测下一天的情况，施泰德·迈尔本人最终也承认了这一点。在行情结束之前，我们不可能知道最终的成交量分布是什么形状。

与威科夫理论对事件、阶段和图形结构的标注一样，对于新手来说，通过多个方法来识别市场中的累积结构和派发结构是有用的。但从交易的角度来看，单纯的市场结构识别是无用的，因为所有对这些市场行为的确认，都是后验的。

因此，为了制订交易计划，要把重点放在确定的价值区域的形成上，当价格在两个极端点之间运动时，不断地评估价格，以确定市场对价格是接受还是拒绝。而威科夫理论所提供的分析工具，能够帮助我们确定行情运行过程中，哪方更有可能控制市场，以及最小阻力的路径在哪里。

在行情发展中，随着成交量分布的产生，在图形上我们可以观察到趋势和震荡两种非常常见的方式，即b模式和P模式。

施泰德·迈尔在其研究中，提出了市场活动中的三个阶段的定义。而在威科夫理论中，我们将其确定为图形结构发展的A阶段和B阶段。

这些模式提醒我们趋势的停止以及新震荡的开始。这两种分布的类型在不同方向上展示出同样的市场行为。首先，在低价值区域，价格以一定的流动性发展趋势运动，直到它遇到反向交易。价格从平衡区开始发展，随后形成被市场积极参与的区域，我们称之为分布钟（见图3-17）。

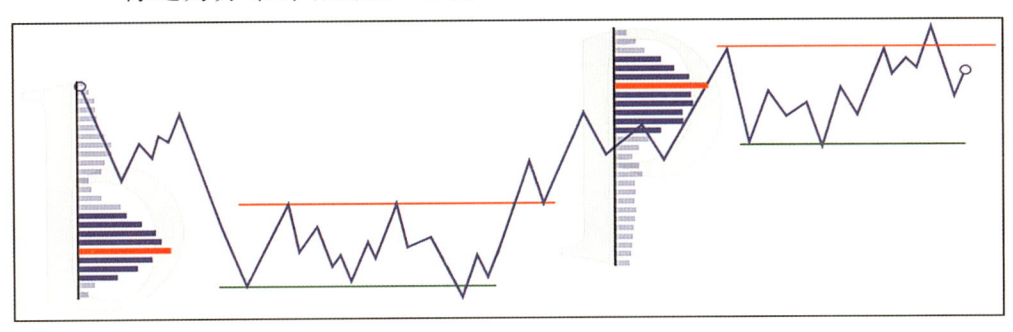

图3-17

只要价格处于趋势运动中，我们就可以通过动态的成交量控制点和其他的交易行为，寻找有利于该趋势方向的交易行为。

3.6.1 P型成交量分布

P型分布的特点（见图3-18）：

1.上涨趋势特征。
2.代表未来的派发结构和再次累积结构。

这种类型的成交量分布图展现了多头力量，多头能相对轻松地推动价格上涨，直到卖方开始出现。

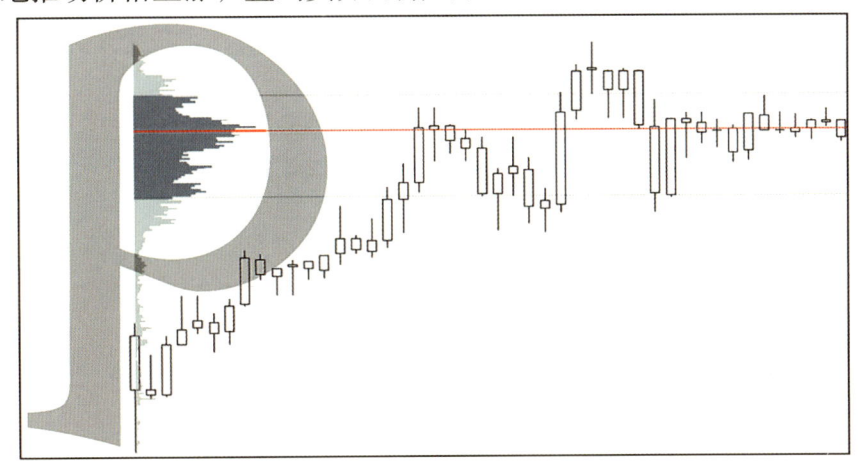

图3-18

它由两部分组成：第一部分是上涨运动，第二部分是市场在一个范围内的震荡运动。这个过程很重要，因为如果是另一种类型的价格运动过程（先震荡，再进行下跌趋势），在视觉上我们仍然会看到一个P型分布，但与前者有很大的区别，后者不易形成有效的交易机会（见图3-19）。

所有的概念和工具都应当具有交易意义。在P型和b型分布的情况下，只有当最后的价格行为创造新的价格区域时，才值得被关注，因为下一个可以参与的上涨过程可能会从这里产生。也就是说，如果我们在下跌运动结束的时候，已经确定了一个镜像P型模式（价格失衡发生在右侧，先震荡再下跌），从操作的角度来看，这里的时机已经晚了，最可能发生的情况是价格将在一个新的平衡区内运动。相反，如果我们有一个标准P型模式（价格失衡发生在左侧，先上涨再震荡），我们将能够抓住接下来的趋势运动（可能是向上或向下）。

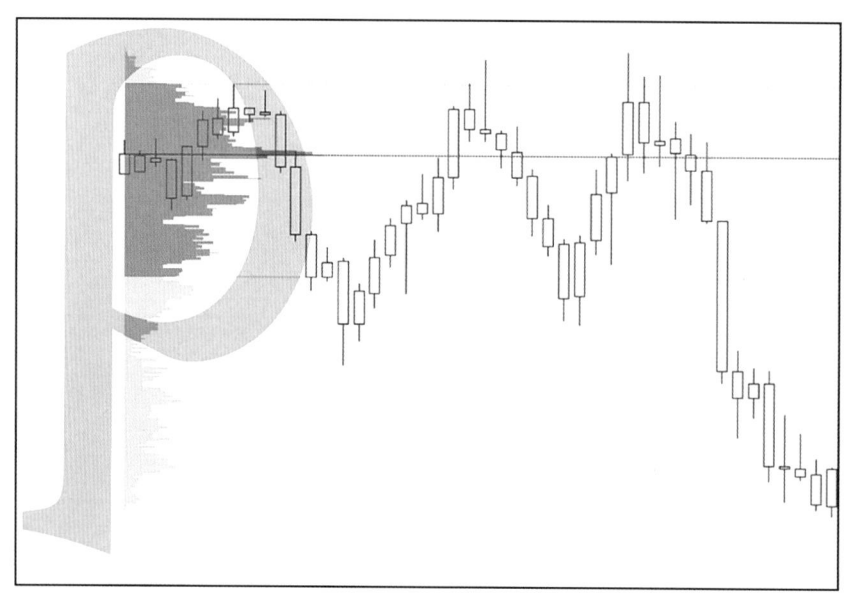

图3-19

我们不能孤立地看待日内范围的成交量分布，在一个长期的上升趋势中，总体的成交量分布会由多个小级别成交量分布组成。在这种情况下，小级别的分布是推动持续上升的累积结构。

如果P型分布出现在长期下降趋势之后，它提醒我们下降趋势即将结束。这里指的是标准P型模式。因为如果我们看到的是一个镜像P型模式，那么我们实际看到的是一个派发过程。因此，下降趋势表现得很强势。

3.6.2　b型成交量分布

b型分布的特点（见图3-20）：

1.下跌趋势特征。

2.代表未来的累积结构和再次派发结构。

它由两部分组成：第一部分是下跌运动，第二部分是市场在一个范围内震荡运动。空头控制着价格，并将价格迅速向下推动，直到最后一些市场参与者出现买入行为，市场开始止跌。在长期下降的趋势背景下，它们将出现再次派发的特征，这里是参与下降趋势的绝佳区域。

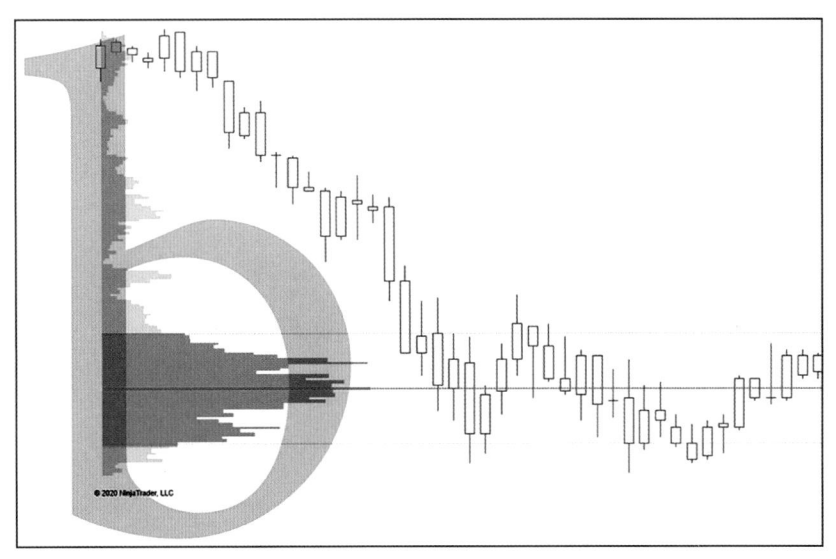

图3-20

与P型模式一样，标准b型模式是由下跌运动和随后的价格震荡运动形成的。先震荡再上涨，是镜像b型模式。但在镜像b型模式下我们可能无法利用最初趋势展开时的失衡入场。另一方面，在分析上升趋势的状况时，两种分布也不相同，在这里我们要寻找的是上升过程中的拒绝和低位价值区域的构成（见图3-21）。

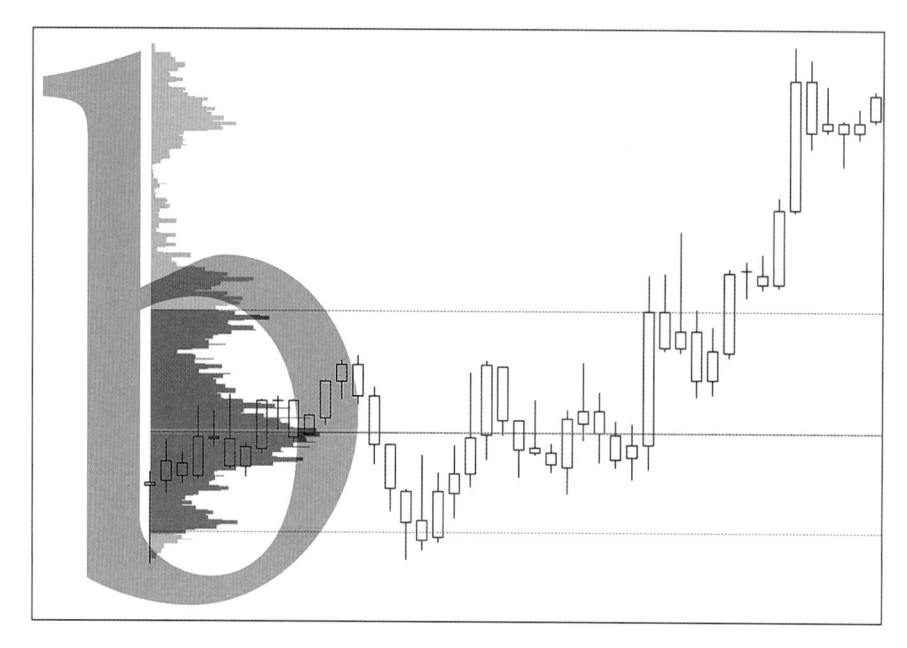

图3-21

如果在长期的上涨趋势后观察到一个b型的成交量分布，它可能预示着上涨趋势的结束，有时也预示着一个新的下跌趋势的开始。

3.7 成交量分布的应用

成交量分布为我们提供了客观的信息，这和威科夫理论讲述的市场背景与市场结构是相通的，本节内容将介绍成交量分布的主要应用。

3.7.1 结构识别

在图形结构的末尾处，有时会产生不明确的价格运动，所以图形结构看起来不是很直观。在此背景下，使用成交量分布来识别价值区域的高点和低点是非常有效的，并且可以假设当前形成的价值区域是后续价格运动的基准。

根据威科夫理论，图形结构的高低点应当是低成交量节点。在价格转向处，产生了支撑位和压力位，这些位置是价格被拒绝的地方。拒绝行为在成交量分布中被显示为一个低成交量节点。

此外，在图形结构的自然末端小溪和冰层有时会和价值区域（价值区域高点和低点）重合。通过绘制成交量分布图，可以发现在整个图形内，所有的价格波动都包含在价值区域中。

从图3-22中可以看出，上涨趋势中并没有出现明显的上涨趋势停止的信号。如果目前处于上升结构的最后阶段，可以通过绘制整个结构的成交量分布图确定关键价位。本案例中，我们看到在上方假突破后，价格迅速下穿整个价值区域、成交量控制点和成交量加权移动平均价。此时，我们应该认为行情处于派发阶段。所以，第一个可以做空的位置，是等待突破后的测试。这些关键价位中首先要考虑的是价值区域的低点，因为它是市场寻找的第一个目标价位。我们看到价格接受测试并继续下跌，随后潜在的测试位置则是成交量控制点。

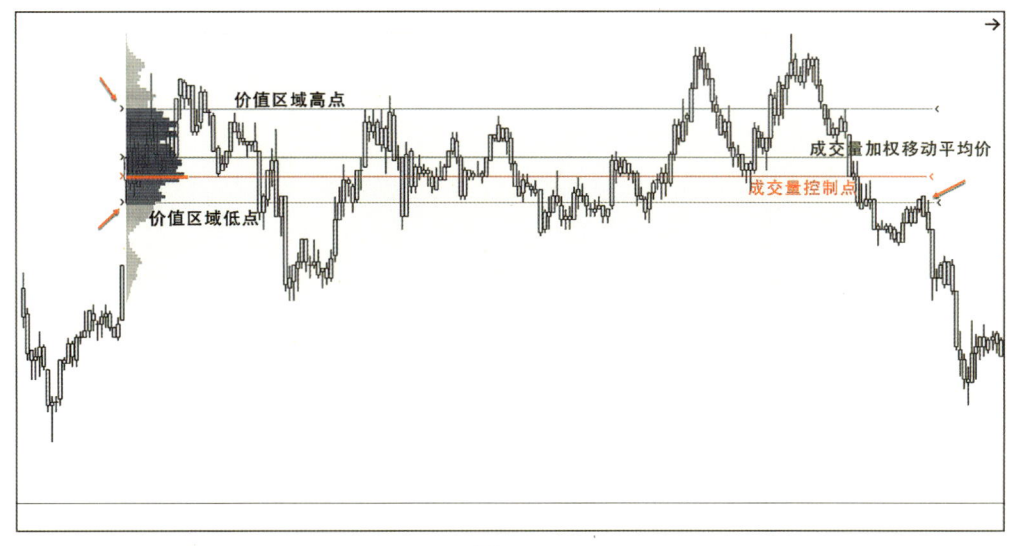

图3-22

在图3-23中，价格在底部区域的震荡未出现明显的停止，增加了价格离开价值区域继续上行的难度。如果我们发现在一个发展的结构中出现失衡，可以绘制一个成交量分布图，确定测试的价位，寻找价格运动的延续性。我们看到，在价格出现突破运动之后，测试是在成交量分布图的价值区域上端进行的，这里的测试是多头入场的完美位置。

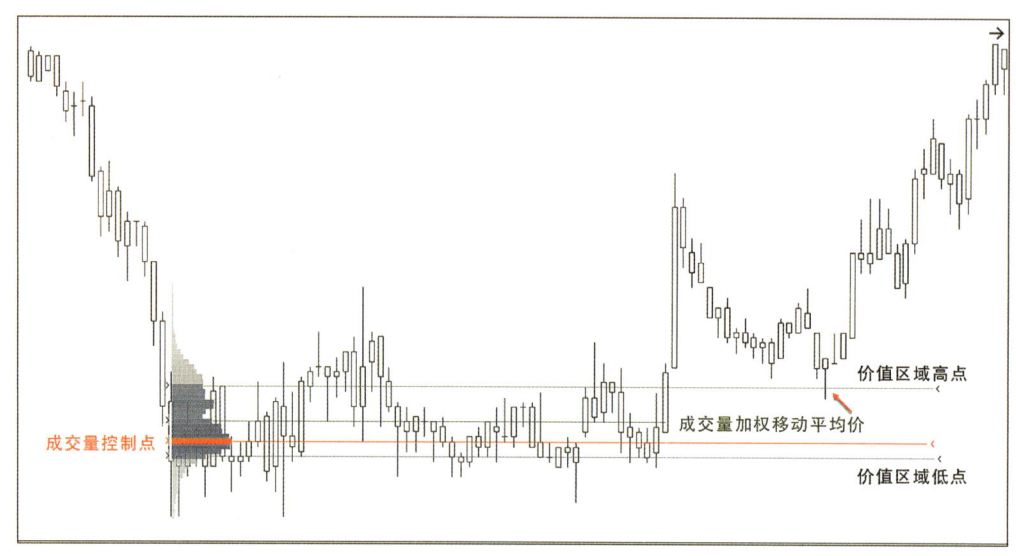

图3-23

成交量分布图的范围应包括从行情震荡开始，直到失衡发生前的所有价格波动。一些交易者可能会把随后的突破也包含在成交量分布图中，这没有错。但请记住，从交易的角度来看，突破后，我们会在之前的累积或派发阶段的价位上寻找测试行为，这些测试将确定失衡和随后的价格波动方向。

我们知道，在市场中大多数的图形结构并不像书中案例所展示的那样理想，它们彼此都是不同的，这并不意味着不能交易。成交量分布就是为此诞生的。

3.7.2 判断市场的偏差

交易区域分析

我们始终倾向于在最后一个高成交量节点产生的方向上进行交易。只有在价格打破了最后一个高成交量区域的支撑时，我们才会进行反向交易。

如果价格高于高成交量节点所在的价位，我们就确定控制权在多头手中，一旦价格下穿该区域时，则表明市场已被空头控制，我们就可以准备做空的交易计划。

这背后的逻辑是在高成交量节点处，价格回到了平衡状态，我们将无法确定随后会朝哪个方向移动。只有在确认价格有效地

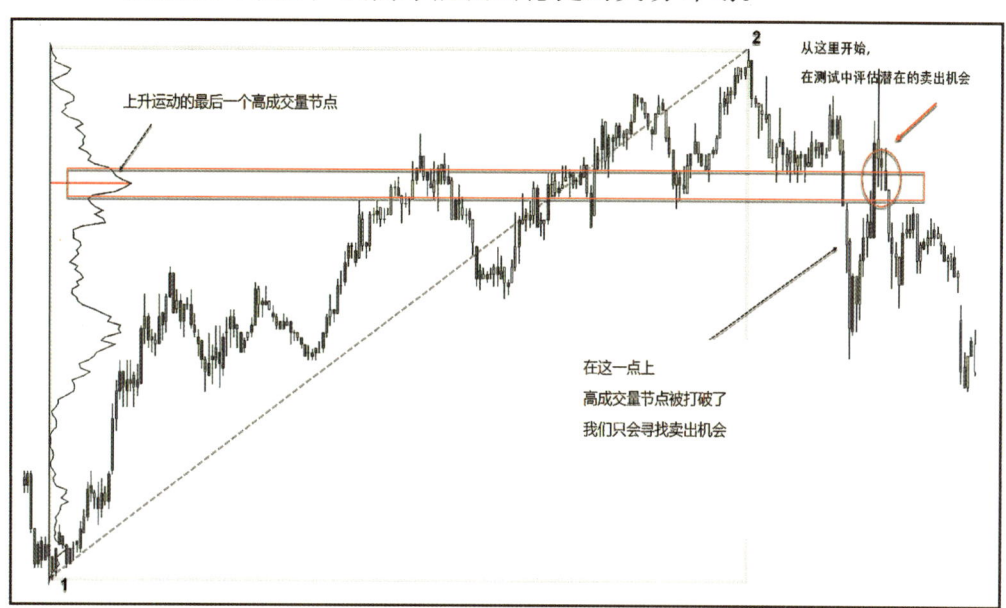

突破该区域后，我们才能提出稳健的交易计划。

图3-24

图3-24非常清楚地解释了这个概念。当市场处于上涨趋势的最后阶段，价格在最后一个高成交量节点之上，如果我们寻找向下的交易机会，应当在价格向下突破高成交量节点后。

成交量分布涵盖了上涨过程，我们感兴趣的是寻找支持该趋势继续运行的高成交量节点在哪里。当价格向下穿越时，市场已经被空头控制，此时可以提出一个基于高成交量节点测试的交易计划。

图3-25是下跌趋势的案例。我们寻找下跌趋势中的高成交量节点，并认为空头仍在延续，直到下跌趋势被打破。请注意，打破的逻辑不是当前的高成交量节点被破坏，而是最后一个(随时间具体变化)高成交量节点被破坏。也就是说，如果趋势继续向下，我们必须继续更新成交量分布确定最后一个高成交量节点的位置，并且只有在价格重新向上突破时才考虑作为多头入场。

需要注意的是，决定价格运动的高成交量节点不一定是成交量控制点。我们只需要简单地把最后一个高成交量节点考虑在内，但是并不在乎这个高成交量节点是不是成交量控制点。

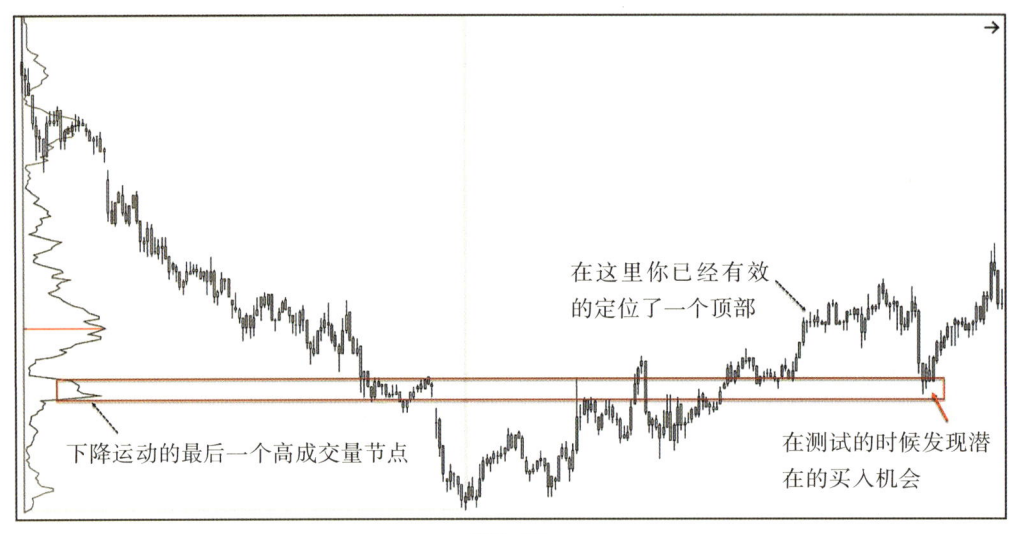

[图表:图中标注"在这里你已经有效的定位了一个顶部"、"下降运动的最后一个高成交量节点"、"在测试的时候发现潜在的买入机会"]

图3-25

交易点位分析

一般来说，最优的做法是尽可能在有利的点位上进行交易。也就是说，如果选择做多，我们会希望所有的入场点位都低于当前价格，反之亦然。这种情况表明市场在该方向上是失衡的，因此它是阻力最小的路径。除此之外，我们还会寻找成交量控制点、成交量加权移动平均价和价格之间的关系，这将为分析的可靠性增加其他依据。

近期成交量加权移动平均价和成交量控制点确认了市场处于平衡状态。价格可能处于较为狭窄的范围内，唯一的机会就是在两端寻找反转交易。

如图3-26所示，深色的虚线是成交量控制点，橙色的线是成交量加权移动平均价。在最终价格出现向下失衡之前，两个指标的值相对接近，价格在此处波动。

确定价格被多方控制时，我们希望看到价格高于成交量加权移动平均价和成交量控制点，而确定价格被空方控制时，我们则希望看到价格低于这两个价位。

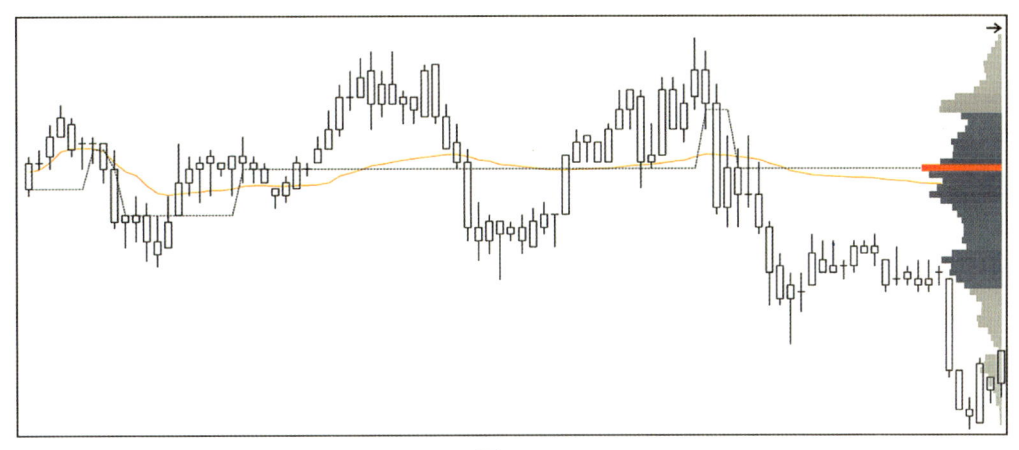

图3-26

图3-27中，我们看到了一个明显的下跌走势，在该示例中，价格始终低于成交量加权移动平均价和成交量控制点，并且它们扮演了新一轮下跌的阻力位。交易位置取决于交易员的偏好，不同的交易员在对应的操作点位上会有不同选择。对于日内交易者来说，最明智的做法是使用前一交易日和当前交易日的关键价位作为参考。而长期交易者可能会发现使用周线级别的关键价位（每周成交量控制点和每周成交量加权移动平均价）。特别是作为结构交易员，综合考虑周线级别的成交量加权移动平均价和成交量控制点是非常有效的，因为这消除了短期的波动性影响。最终这是一个偏好的问题，每个交易员应该寻找自己的交易风格。

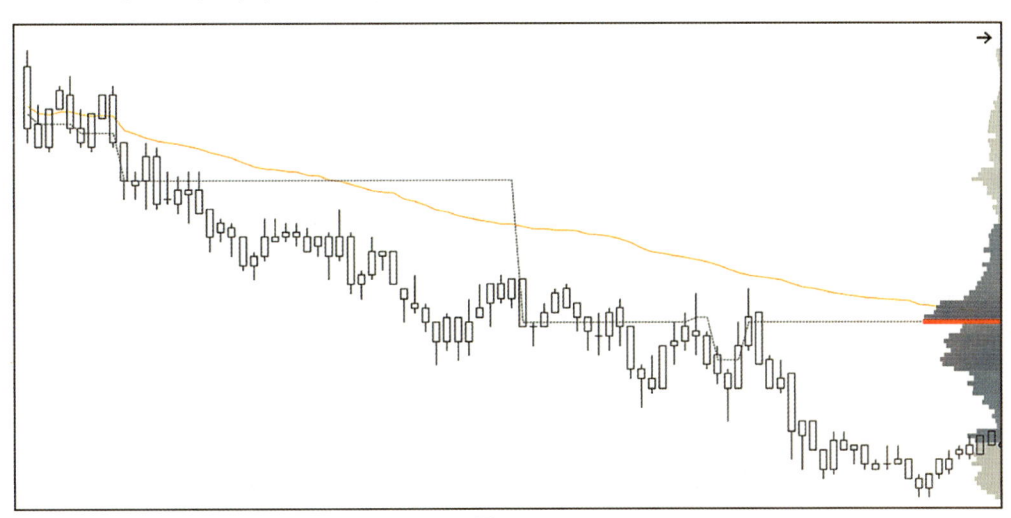

图3-27

图3-28展示了成交量分布图和周线级别的成交量加权移动平均价(绿色线)的组合使用。这个例子突出了市场背景的重要性。

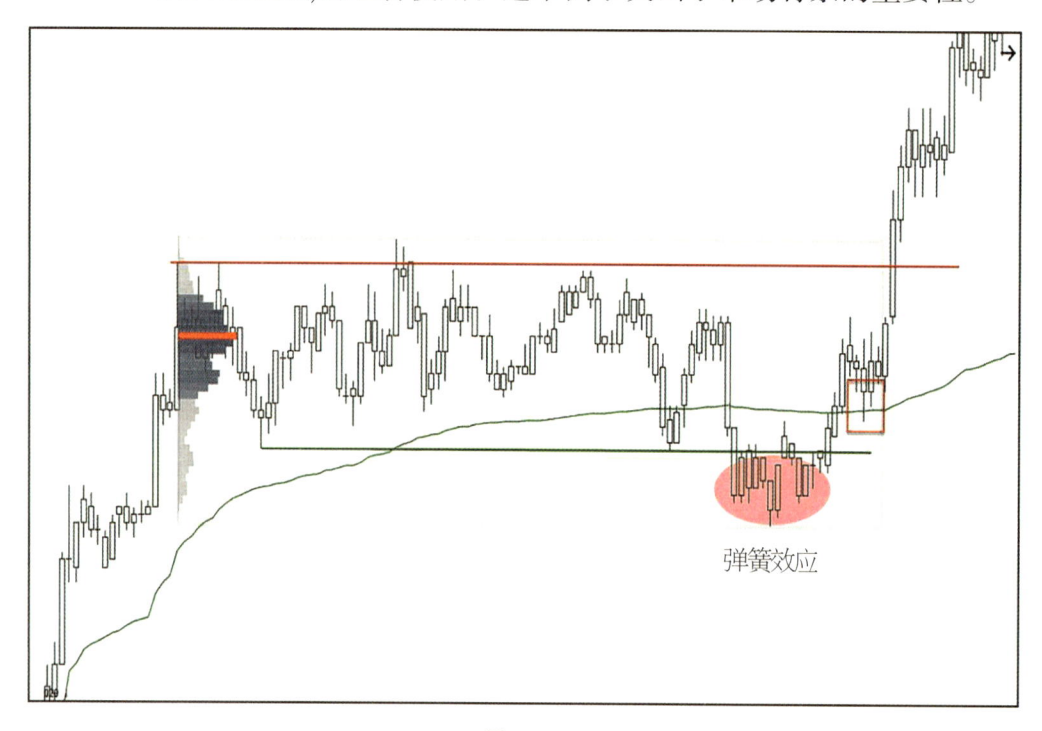

图3-28

如果我们看到一个潜在的弹簧效应，试图将价格收在成交量加权移动平均价之上，我们应该寻找多方入场的机会。但仔细观察，成交量控制点仍然在成交量加权移动平均价之上。所以有更多的交易点位支持，才是更好的入场机会。那么接下来我们该怎么办？我们知道成交量控制点是一个非常重要的平衡价位，我们也知道市场迟早会产生失衡，来自下方的假突破也向我们表明，价格失衡可能从结构上方开始。在这种情况下，我们应该对成交量控制点之上的价格结构保持更多的关注。

如果在潜在的弹簧效应之后，价格没有回到成交量加权移动平均价之上，我们的预期就会发生变化。这种缺乏上涨力量的情况，表明了空方对市场的控制。如果将潜在的弹簧效应视为下跌突破，我们可以在相反方向进场。任何潜在的价格走势都必须在后续的价格走势中被接受或拒绝确认。

这正是图3-29中的情况。在潜在的弹簧效应的情况下，价格试图重新进入价值区域，但是无法回到图形结构的上方，也无法回到价值区域低点和周线级别的成交量加权移动平均价之上。这是一个明显的弱势标志，我们将这种模式视为派发行为。

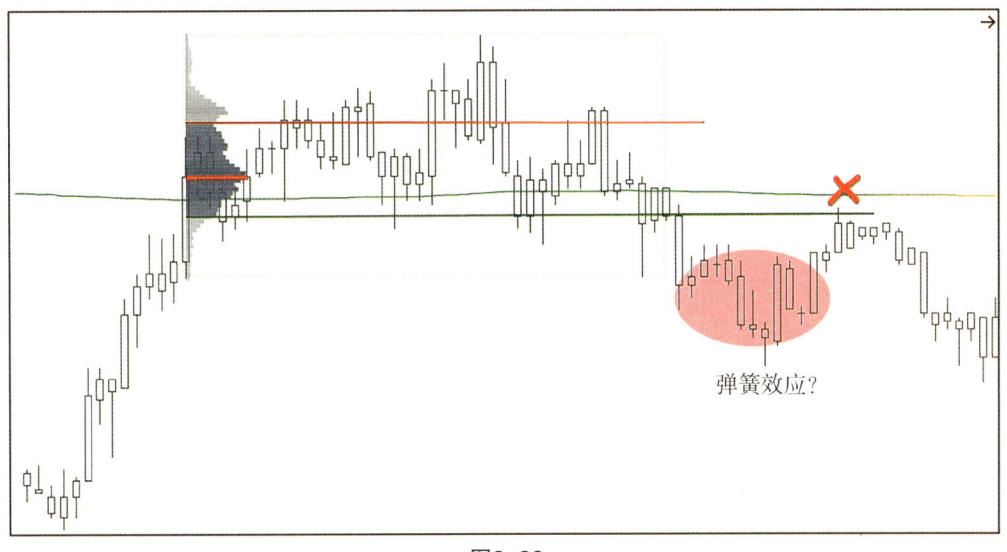

图3-29

在不同的价位上，我们可以同时使用多个时间周期来分析市场。例如，使用周线和月线级别的成交量加权移动平均价。如果我们分析长周期的市场背景，这会是非常有效的方法。

3.7.3 分析趋势的健康程度

成交量分布提供了有效的市场分析方法，那就是对各个时间段的市场进行连续的分析。当我们观察到一个上涨的趋势时，价值区域（包括成交量控制点）越来越高是趋势健康的表现。这表明价格正在被新的价格区域所接受，该趋势可能会延续。在多头控制市场的背景下，我们应该寻找价格区域内的关键价位，然后择机做多。

这种逻辑同样适用于下降趋势，表示价格被逐级降低的价值区域接受。在下跌的情况下，最明智的做法是确定潜在的阻力区域，寻找做空的机会。

我们需要注意，观察趋势运动的健康度，需要观察几个价值区域之间的重叠区域，以看到其中一些区域的运动方向和趋势方向出现相反的走势，趋势失去延续的动力。当我们观察到价格横盘震荡时，市场已经发生了改变。通过威科夫理论，我们可以确定价格的震荡过程，并开始分析图3-30中结构的特征，并尝试确定下一个失衡向哪个方向发生。

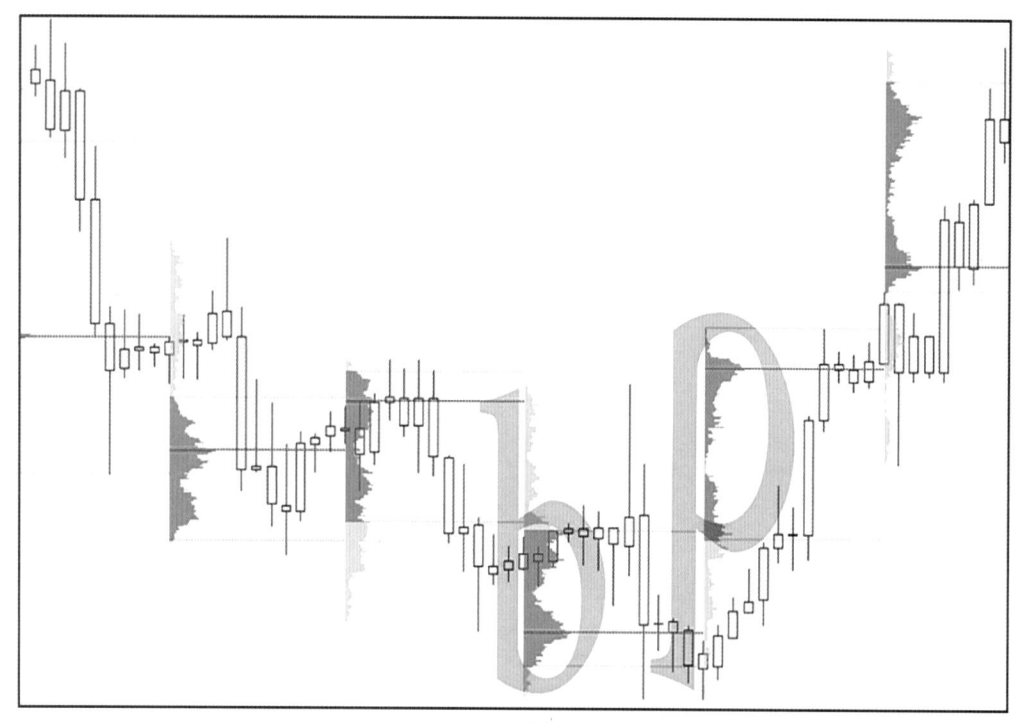

图3-30

这种对价值认知的潜在变化可以通过P型和b型的成交量分布得到很好的体现。如果市场正处于下跌趋势中，价值区域越来越低，突然出现了bP组合形态，这可能意味下跌趋势的结束，或者至少是暂时的停止行为。bP组合形态表明，市场对价值的认知发生了变化。至少暂时市场不再有在更低价位交易的欲望，甚至可能是上升趋势的开始。

图3-31的案例比较复杂，也很具有代表性。首先值得关注的是，Pb模式并不是同时发生的，而是在两个交易日之间按照先后顺序发生的。在另一方面，我们可以看到b型成交量分布并没有到达P型价值区域的下方。

图3-31

市场在大多数时候很不稳定，所以寻找完美的模式是在浪费时间。观察其中的动态状况更有意义，并且要发现这些动态状况对我们有什么启示。

在P型结构出现后，市场发生了变化，并开始震荡过程。接下来的两天，价值区域出现了重叠，大量的市场参与者对这些价格表示了接受。最后，b型分布引发了下跌过程。当价格低于b型分布的价值区域，找到潜在的派发结构后，可以尝试做空。

如果我们仔细观察b型成交量分布，失衡并不像理论上所说的那样发生在某一天的开始阶段，而是在最后阶段。关键是这种失衡被拒绝后，价格重新回到价值区域。这就是该模式背后的本质含义：只要价格被拒绝并重新进入到价值区域，那么失衡何时发生并无区别。对于交易本身来说，如果一个交易时段结束时观察到失衡现象，而且其收盘价是在价值区域之外，那我们也不太关心这个现象。

虽然在潜在的派发结构中，最理想的情况是观察到价格拒绝继续上升并低于之前的价值区域。如果与上述情况相反（先是价格开始下降，然后是拒绝以更高的价格交易），其判断的逻辑也是一样的。

最后，所有的累积和派发都隐含着价值认知的变化，或多或少都在这些P型分布和b型分布的反转模式中展现出来。

1.下跌反转的Pb模式，我们默认为是一种派发行为。而且已经在b型分布中得到确认，随后会出现更低的价格。

2.上涨反转的bP模式，我们默认为是一种累积行为。市场对其价值认知的变化可能会出现更高的价格。

3.7.4 成交量控制点移动

成交量控制点代表了多方和空方对标的价值的共识。在成交量控制点移动的情况下，我们该如何解读这一行为呢？

这个问题让许多交易员感到困惑，对此有两种不同的观点。一部分人认为这是明确的趋势运动的迹象，因此表明趋势方向有延续性；另一部分人却认为成交量控制点移动代表市场反转的开始。

这里唯一能明确的是，成交量控制点代表了一个价值区域的核心，由于在成交量控制点处产生了大量的交易，价格已经被市场所接受。关键是要确定成交量控制点移动的意义，是趋势的延续还是趋势的反转。

每个价格行为都需要得到市场的确认或拒绝，关键在于对成交量控制点运动后价格走势的评估。一般来说，如果前期的趋势运动耗费了太多时间，那么我们就应该质疑趋势运动的健康性。

成交量控制点移动交易策略

由于我们无法事先知道成交量控制点的运行是趋势延续还是反转，因此最好为这两种情况都做好准备。为此我们将制定两个规则，用于判断行情是延续还是反转。

本节重点介绍日内交易，其基本思想同样适用于其他时间周期。

有利于反转的规则：

1.成交量控制点移动。如果之前的趋势运行是健康的，那么在成交量控制点移动后，我们希望看见一个新的趋势展开，且不需要耗费太多时间。

2.无延续性。如果在成交量控制点移动之后，价格没有能力继续朝前一个趋势的方向运行，我们将开始质疑价格的延续性。

3.时间消耗。这是一个基础信号。一般来说，在成交量控制点移动之后，价格没有朝着之前的方向继续运行，等待的时间越长，就越有可能发生市场反转，而不是延续之前的行情。

如果我们想寻找市场的反转，则需要观察到市场震荡的时间变多了，而之前在趋势过程中耗费的时间则相对要少一些。

4.市场特征的改变。如果成交量控制点移动后，出现了震荡，在反方向出现了快速回调，可以认为反转开始。

5.交易计划。第一个可以交易的机会，是等待价格进入价值区域的两端。如果它在下方，我们将在价值区域低点位置择机做多，如果它在上方，则在价值区域高点上择机做空。而第二个可以操作的点位，就是成交量控制点处。

在图3-32中（b型分布的日内反转交易），我们绘制成交量分布以观察成交量的价格特征。我们看到，在开始交易后价格下跌，成交量控制点发生了移动（1），然后开始震荡运动，显示出价格并没有继续延续下跌（2），并且开始消耗时间（3）。然后是市场特征的改变，价格出现向上的失衡（4），最后测试旧的成交量控制点区域（5），这里可以寻找多头入场的机会。

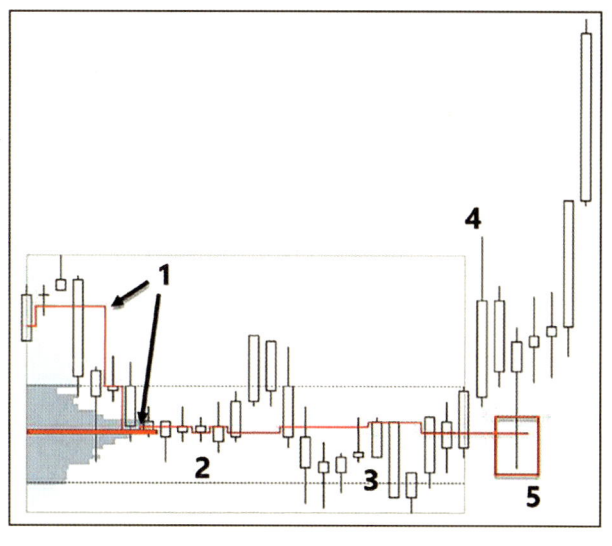

图3-32

我们必须记住，如果继续用日内的成交量分布来交易，成交量分布将随着时间变化，所以在突破之后，先确定价值区域的位置，再等待价格重新回到此区域。虽然这里不是理想的交易背景，但是价值区域没有发生改变，从逻辑上来讲，这里仍然是一个低成交量节点，因此价格存在潜在的拒绝。此外，价格需要测试之前的累积或者派发区域，等它离开当前全部的震荡区域再参与也是明智之举。

在图3-33中，我们看到了一个成交量控制点反向运动过程（可以通过后续的移动判断后续成交量控制点会上移），它没有按照之前我们描绘的规则演变。在毫无准备的情况，想要参与V形反转是不可能的。

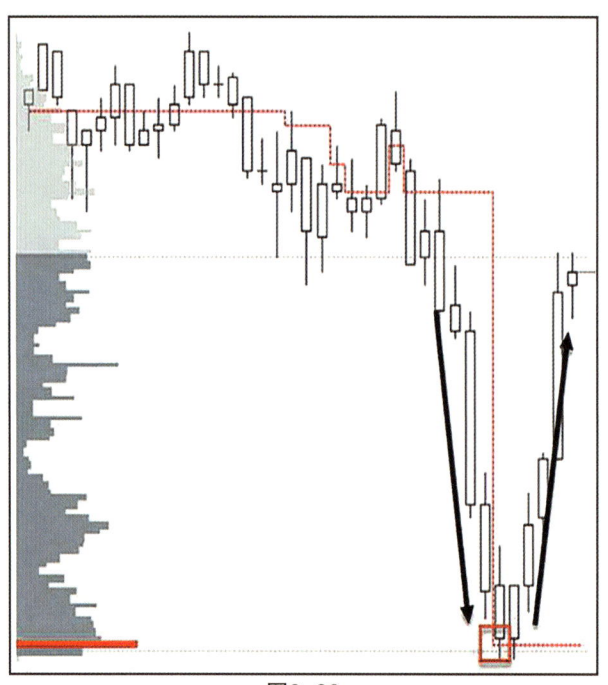

图3-33

举这个例子是为了指出，并不是所有的反转行情都会遵循上面所说的规则。通过这一系列的分析，是要客观地理解行情，并知道反转行情是基于因果规律的。上述案例也并没有违反累积与派发的过程。

此外，很适合用这张图来理解市场对价格的接受和拒绝的概念。根据定义，成交量控制点的移动表明市场对这些价格的接受。一般的现象是，成交量越多意味着市场对价格更多的接受。但是，如果市场在这个位置发生了反转呢？同样客观地说，如果最后价格远离了成交量控制点移动的价位，尽管成交量控制点已经移动了，但是我们仍然把它视为市场对价格的拒绝。

这里，我们再次强调一个重要的原则，即每一个价格行为都必须被随后的价格移动所确认或拒绝。在这种情况下，第一个行为是成交量控制点的移动，但是这种变化被随后的行为所拒绝，它使得整个价格趋势发生了逆转。如果我们回顾一下，价格、时间和成交量这三个变量一致时，市场对价值的认可度就会发生变化。在这种情况下，我们有价格的运动、成交量的积累，但是时间上的消耗却告诉我们，价值确认是失败的。

有利于趋势延续的规则：

对于日内交易而言，对延续性的判断则要简单很多。

1.成交量控制点移动。一般来说，当市场打算继续朝着前面的趋势方向运行时，在成交量控制点移动之后，价格就会以一定的速度开始新的趋势。市场迫切地往该方向继续移动，导致在这个方向上耗费的时间会比较少。

2.寻找触发点。我们已经准备好进入市场。在进入之前，需要等待入场信号出现。

在图3-34中，我们看到在第三次成交量控制点移动时，价格没有继续向上，而是向下反转，使得左边的价格行为倾向于派发。随后的成交量控制点移动更具有延续性，因为随着成交量控制点下降，价格快速下跌，顺理成章地向下运动。

尽管我们是在日内交易下讨论此案例，但是在其他的时间周期上，其基本思想是不变的。它可能出现在一个时间周期内，也可能出现在多个时间周期内，甚至在长期的图形结构出现。但是无论其时间级别如何，基本逻辑是完全相同的。

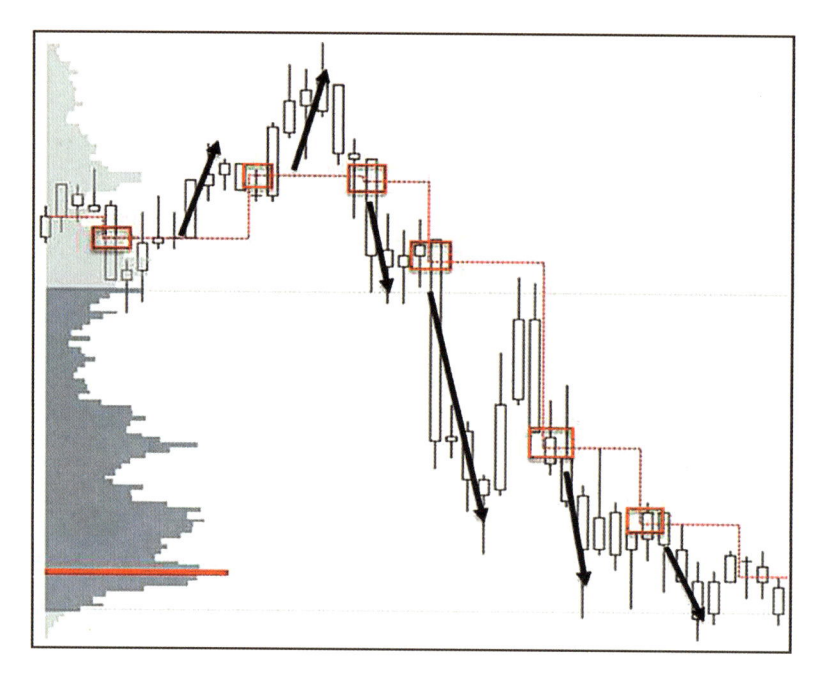

图3-34

3.7.5 对交易头寸的修正

基于不同的交易风格，对价位的选择应该取决于相对应的成交量分布图。一般来说，其背后的逻辑是一样的。

1.入场。无论我们是在趋势行情还是在震荡行情中，寻找入场的点位时，主要是参考成交量加权移动平均价、成交量控制点和价值区域的高低点，当价格回到这些区域时，这些位置是触发入场的条件。

2.止损。如果要止损，我们要确定之前拒绝的价格区域，这些区域是低成交量节点的区域。价格在这些区域发生了反转，未来价格在这里也会有同样的走势。因此，这是一个很好的放置止损单的区域。除了低成交量节点之外，我们希望支持入场的点位越多越好。

3.止盈。如果要获利了结，我们需要寻找前期流动性充沛的区域。正如我们已经提到的，高成交量节点会对价格产生磁力，是很好的目标位。

3.8 关于价值区域的交易原则

对于不同时间周期和图形结构的交易类型，下面论述的规则都是基于成交量分布的普适规则。

3.8.1 区间交易原则

如果价格在价值区域内，只要市场条件不发生变化，市场就有可能继续围绕这一范围的中枢产生价值，当价格达到范围的两侧时，可能会遭到拒绝，此时应该逢低买入，逢高卖出。

图3-35是关于区间交易原则的案例。本原则适用于任何资产类别和时间周期。当然，必须有可供参考的成交量分布。然而对于长周期的交易，周线级别的图形或包含更多走势的复合成交量分布会更加有效。

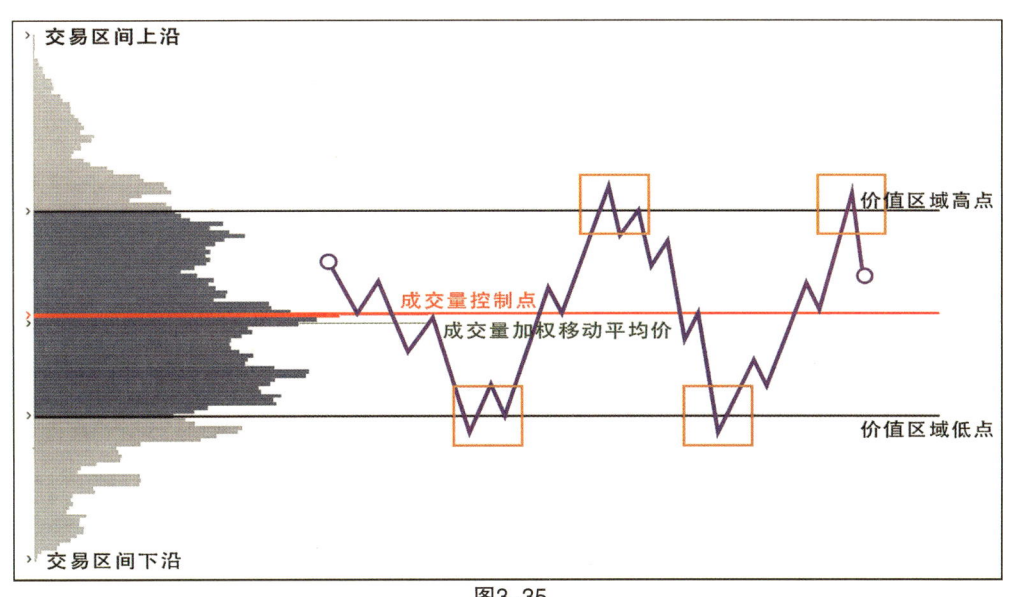

图3-35

在这种情况下，如果价格还在前一天的价值区域内，则表明市场继续维持平衡状态。以此为基准，只要市场参与者的情绪还没有改变，就应该在价值区域的两侧等待价格反转。

这种反转行情的最低目标是回到价格的控制区（成交量控制点），而较高的目标则是完全穿越价值区域，并到达价值区域的另一侧。

图3-36

在价值区域低点的反转案例中(见图3-36),我们看到价格测试了周线级别的成交量加权移动平均价(绿线)和上一个时间周期的控制区。通常来说,交易胜率最大的位置是多个有效点位的重合区域。

3.8.2 反转交易原则

如果价格成功进入一个价值区域,它很可能会到达价值区域的另一端。价格在这些关键位置很容易遭到拒绝,随后继续回到价值区域(参考市场分布的80%规则)(见图3-37、3-38)。

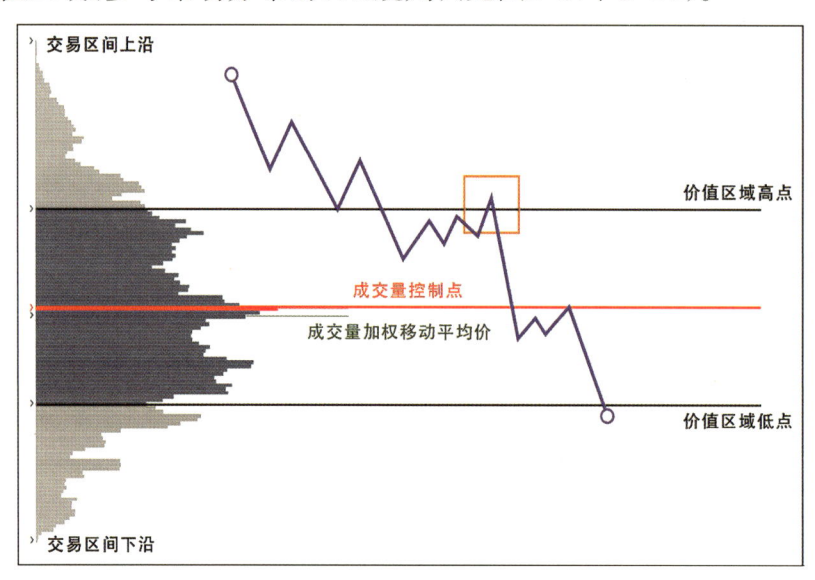

图3-37

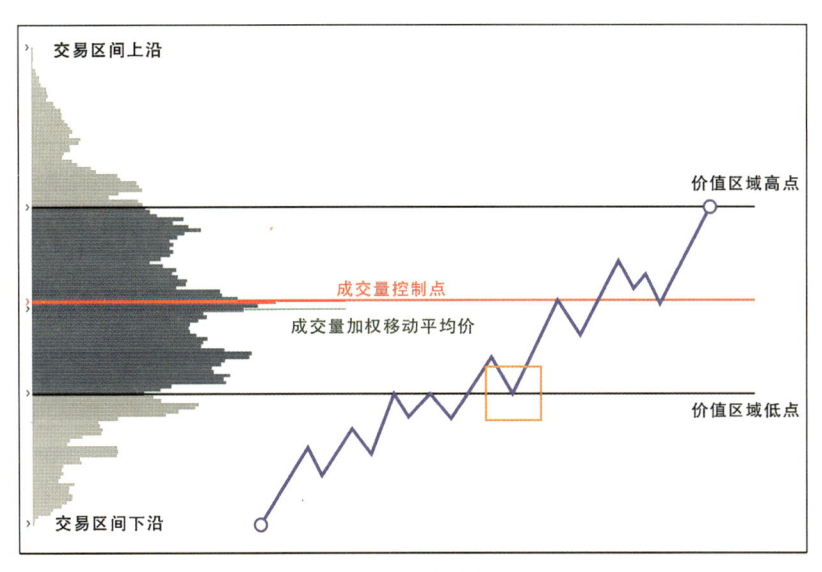

图3-38

图3-39显示了上一个交易日的开盘价离开了前一天的价值区域顶部，价格向上失衡，买方有潜在控制市场的迹象。注意，这种控制必须通过市场对失衡的接受来确认，而在走势的关键时刻，价格遭到拒绝，表现为价格在价值区域的高点之上无法站稳，又重新回到之前的价值区域。

图3-39

此案例非常有启发性,可以观察到市场背景的重要性,当市场告诉我们方向时,及时做出反应。本案例中,最初我们会在价值区域上方寻求价格上涨延续,但是看到上涨无力,随后的价格又重新跌回价值区域,现在的解读就变成了上涨的价格没有被市场接受,所以现在大概率价格将回到价值区域的反向端点位置。

在价格刚刚重新进入价值区域之后,在价值区域高点上方和周线级别的成交量加权移动平均价(绿线)汇合处发生了一次测试,然后开始下跌至价值区域高点。此时,价格回到了一个完全平衡的状态,价格在价值区域两端之间的波动就是平衡状态的证明。

3.8.3 延续形态交易的原则

如果价格试图进入一个价值区域,但没有在价值区域的两侧或在其他关键位置被拒绝,它很可能会在该方向上发生失衡。这就是突破后二次测试的原则。

价格离开价值区域并被市场所接受,将有利于在这里突破,之前的突破方向也是后续价格走势最可能的方向(见图3-40)。

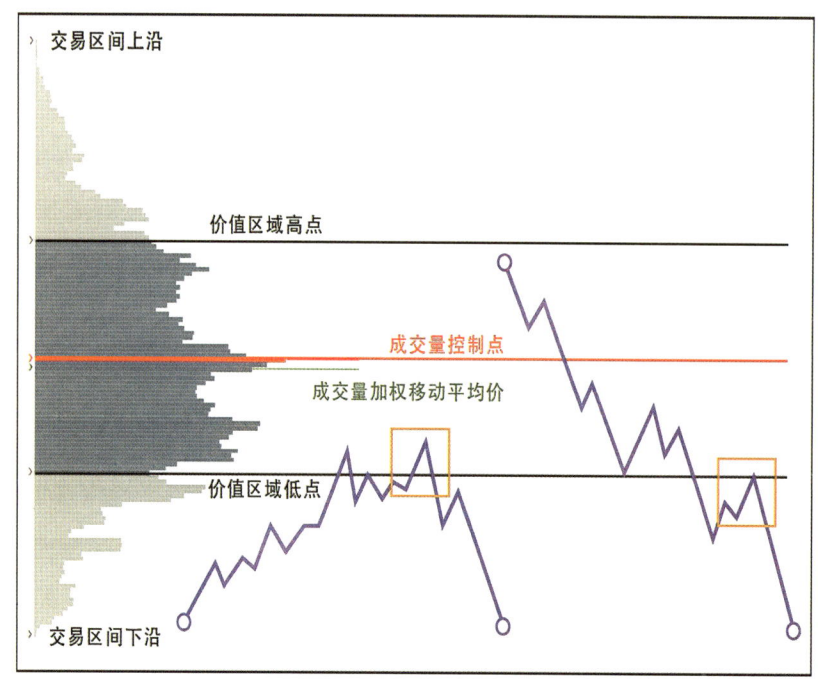

图3-40

3. 成交量分布

值得注意的是，价格可以在该价值区域之外，也可以在价值区域内，但是操作逻辑完全相同（这里指开盘价是来自价值区域高点上还是价值区域内部）（见图3-41）。

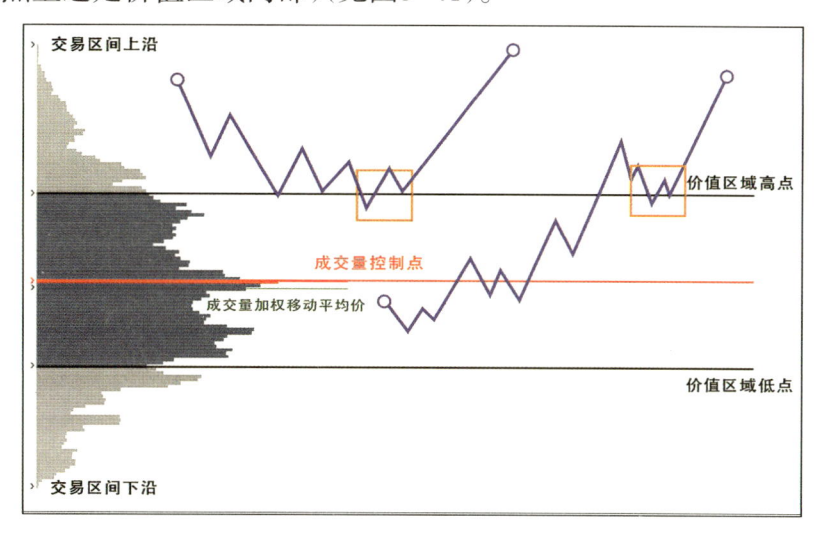

图3-41

在图3-42中，价格是从价值区域之外进入到其中的，这是一个变形的例子，价格在成交量分布之外。

开盘价出现在成交量分布的价值区域的高点之上，我们必须做出的解释是：已经出现了上涨失衡，买方已经有足够的能力使价格远离上一次收盘的位置。

图3-42

在这个基本的推理中，市场表明买方正处于控制地位，对于向上的情况来说，在价格继续向上之前，需要以某种形式进行测试。

如果价格在开盘后出现震荡，回到价值区域高点附近就是潜在的买入机会。

最聪明的威科夫交易者，可以从一开始就识别出累积的特征，并在最低的弹簧效应处买入。这是一个非常好的案例，可以直观地看到市场背景的重要性，即在可以进行入场的位置，我们希望看到潜在的累积。

3.8.4 反转失败的原则

如果价格成功进入一个价值区域，但在成交量控制点处，价格被强烈拒绝，除非看到进一步的价格走势，否则反转交易计划应该被取消。

如果它成功地到达价值区域的末端，延续性的交易原则将被印证，如果它最终有效地突破成交量控制点，反转行情将重新被激活，目的是对价值区域的反向末端处进行测试（见图3-43、3-44）。

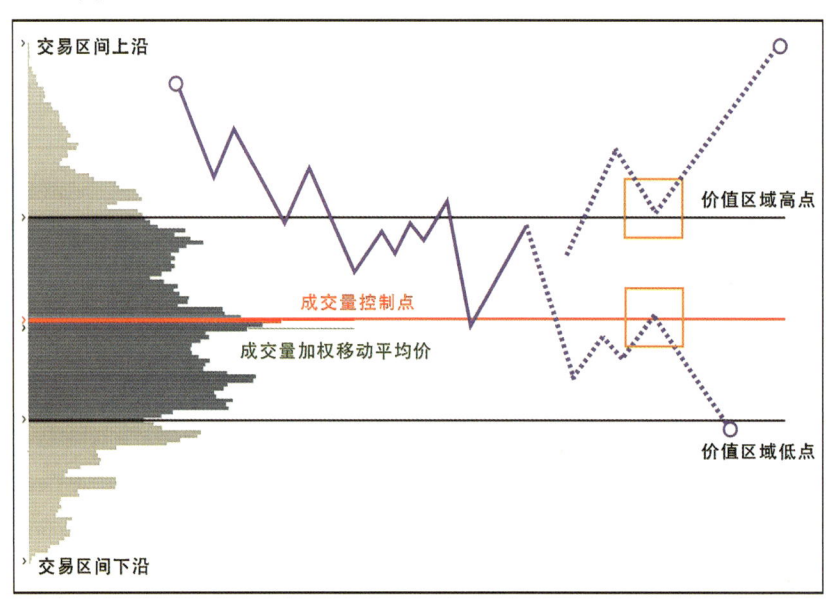

图3-43

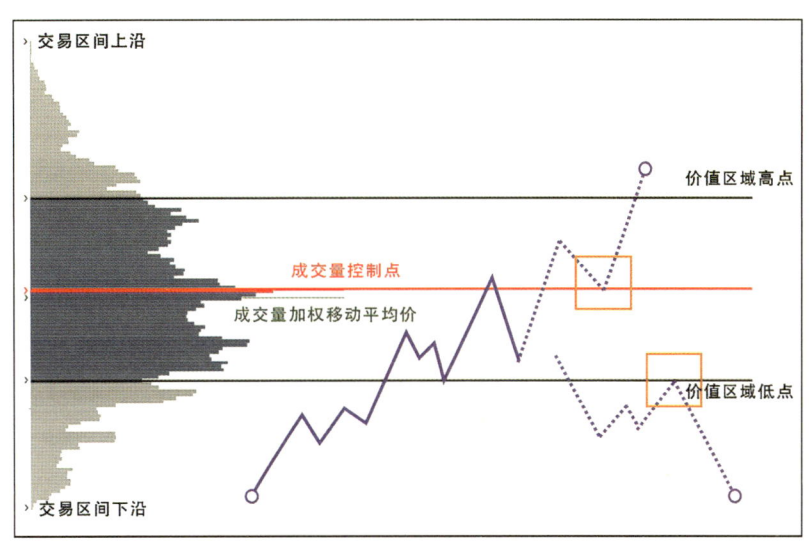

图3-44

在图3-45中，第二个交易日开盘价低于前一个价值区域下沿，所以第一个推论是市场可能正处于失衡下跌的状态，我们需要确定市场是否处于潜在的下跌状态。

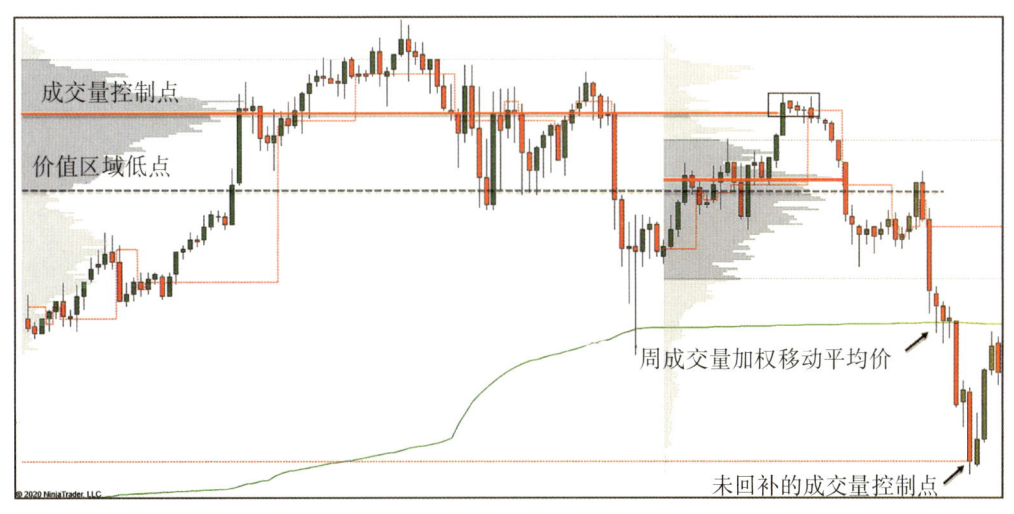

图3-45

为了确认空头控制市场，在第一个价值区域低点上方，价格盘踞在成交量控制点上，并重新进入价值区域，触发反转交易。当价格到达第一个交易日的价值区域时，任何可能性都应该被考虑。在这个例子中，在价值区域低点和前一个成交量控制点处都可以考虑是否有潜在的买入机会。

在价格到达先前的成交量控制点后，卖家出现，市场出现向下失衡，并引发了强烈的下跌趋势。这种激进的反应将价格再次推离出价值区域，改变了市场情绪，此时，向上反转失败叠加了下跌的延续。

最后，价格在价值区域的低点上方，完成一个成功的测试，并从那里继续下跌趋势，下一个可能的目标位是在周线级别的成交量加权移动平均价和对应的成交量爆发点。

3.8.5 对价值区域的操作原则的总结

对价值区域操作原则的总结见图3-46、3-47。

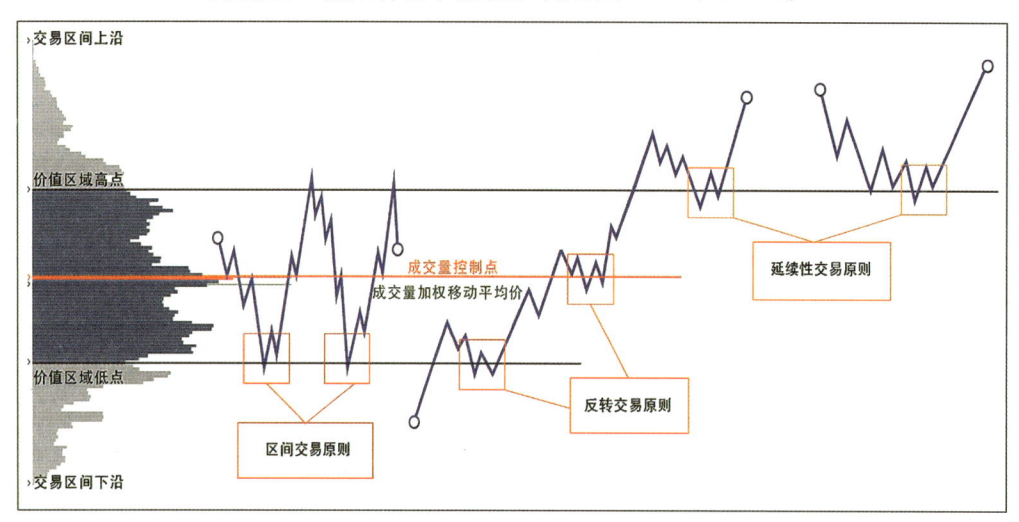

图3-46

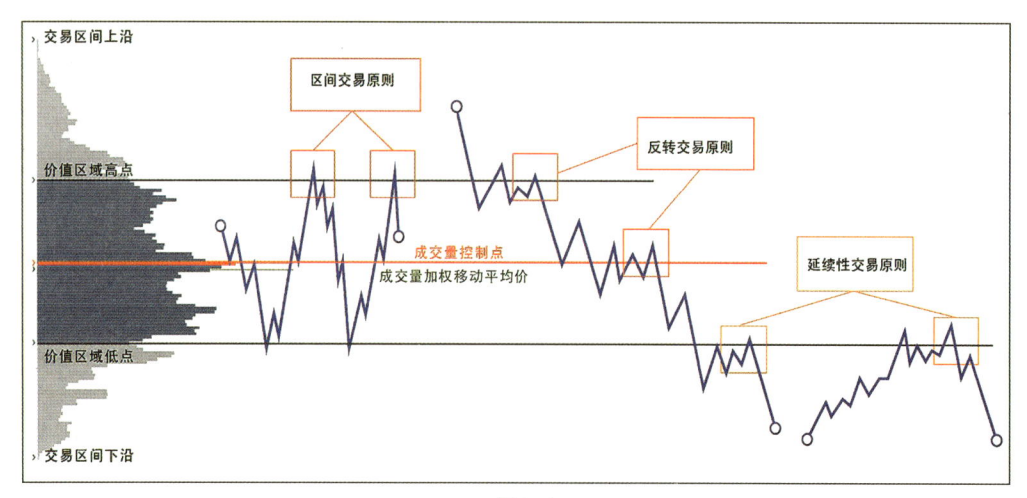

图3-47

4. 订单流

当我们对订单的特性有所了解时，我们就可以深度探讨订单流分析市场的过程。

在价格达到关键区域时，我们将寻找失衡信号以寻求入场点（每种情况都要结合市场背景），如果我们要讨论图形的深度结构并对K线内部进行分析，此时订单流就会派上用场。

不同订单的背后有不同的意图，所以要在这些失衡中寻找有意承担风险并尝试投机的机构交易者的入场点，并且在有利的位置建立仓位。我们无法判断观察到订单的真正方向，因此我们需要在关键位置使用订单流分析市场。

我们已经讲过，对足迹图的分析可以基于不同的规则和形式来进行。尤其是用"成交量阶梯"的方式来观察图形更加直观。这种类型的足迹图能够观察不同列（委买/委卖）中的成交数量，同时以柱状图的形式对K线图中每个价位的成交量进行表示。

4.1 解读足迹图

首先要明确的是，订单流的解读是以对角线方式进行的，而不是水平的。

买方可以通过放置限价买单被动参与成交，也可以通过市价买入主动成交被动卖单。卖方通过放置限价卖单或主动地成交被动买单参与交易。

因此每个时刻有两个交易价格：卖价和买价。

为了评估市场参与者在某一特定价位上的强弱，我们需要以对角线向上的方式来比较被执行的订单：即成交时买方的价格要比卖方的价格高一个价位（见图4-1）。

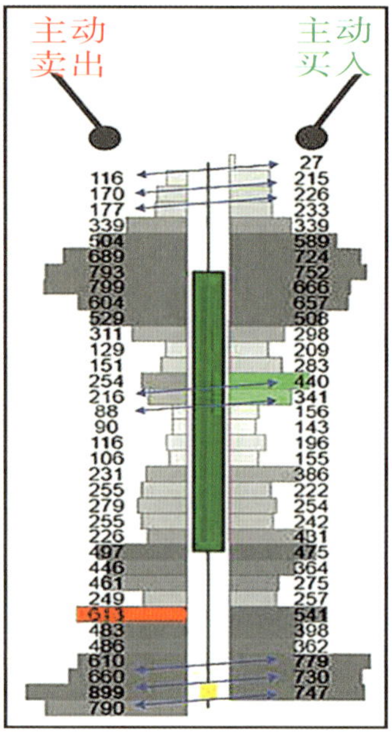

图4-1

4.2 失衡

订单流分析大多与失衡有关，即斜对角比较的高成交量方与低成交量方构成的失衡。

我们应该注意的是，这种失衡应当满足某些最低参数才能被确定为失衡，仅仅出现比斜对角更高的成交量是不够的，还需要在成交量上有一个比例差异，这种差异可以通过设置参数为200%、300%或者400%来实现，也就意味着在失衡一侧上有2倍、3倍、4倍的成交量。

许多交易员还增加了最低成交量来过滤失衡指标。如果你对所处的市场有深度了解，最低成交量的过滤将帮助你进一步完善对这种失衡的识别。调整参数可以更好地适应市场条件，并增加对市场的理解，因此我们知道失衡分析是基于数据的客观分析。

在图4-2中，我们看到卖方失衡的差异为4倍。换句话说，在对角线上，主动卖方的成交量是主动买方的4倍。

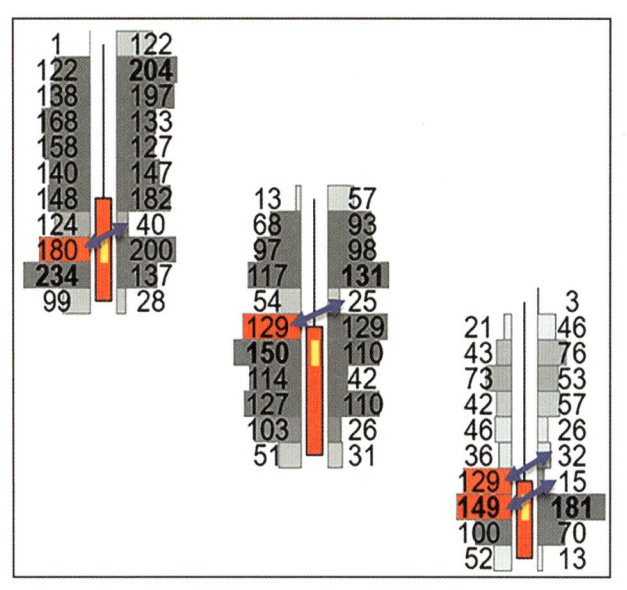

图4-2

这种失衡分析是由成交过程的本质决定的，原因有两个：

1.它考虑到了特定价格上买卖双方的对比，来确认失衡现象存在。

2.买卖双方的分析是在特定的K线上比较的。如果在同一个价位上的失衡发生在不同K线上，它们将不会构成失衡。

4.3 变盘模式

订单流分析涉及诸多概念，为了简化概念并客观解读，在寻找潜在交易机会的过程中，我们将关注最有效的反转事件：潜在的吸收与主动行为。

吸收

吸收是通过限价单对价格进行封锁。规模较大的交易者不希望价格进一步运动，他们会在某个价位放置限价单，导致价格运动停止。

价格达到高位后在该方向上几乎无法再继续移动。有时，这些过程将需要更长的时间，机构交易者在一个价格范围内反复交易，在多个足迹图中可以观察到价格被吸收。

确定一个潜在的吸收时，我们希望看到它出现在较高的成交量上，这将最大限度地减少我们分析错误的概率。

另外，K线的上涨和下跌并不重要，但是收盘价与失衡不能在同一价位，要判断潜在的吸收买入，我们希望看到失衡保持在收盘价之上。而对于潜在的吸收卖出的案例，失衡则在收盘价之下。吸收是价格拒绝向原有方向继续运动的有力证据（见图4-3）。

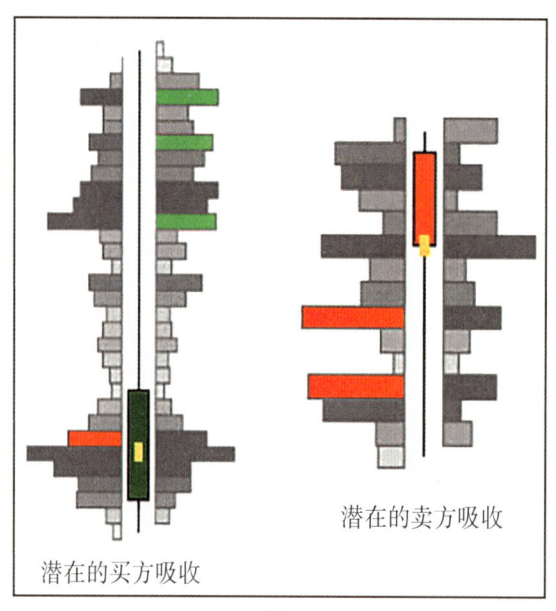

图4-3

如同其他价格行为一样，随后的一系列过程会被市场确认或拒绝（吸收行为）。如果我们观察到高成交量，并且价格无法继续被推动，那么市场发生真实吸收的概率就会增加。

虽然吸收可能会出现上下影线的情况，但这并不是一个必要的特征，因为它们也可能出现其他形态。关键是要看到价格被吸收后向反方向运动。

主动行为

前面讲过，被动订单并不能推动价格运动，只有市价单才能推动价格变化。

如果我们之前的分析是正确的，并且我们处于正确位置，在看到潜在的吸收后，随后的主动性买（卖）单则是我们寻找的确认机会。

主动性买单的最佳代表就是这里出现的大单。如果我们想买入或卖出，我们将在这里寻找大单积极买入的痕迹。

我们再次强调：所有价格行为都必须由随后的市场反应来确认或拒绝。如果我们看到主动买入或主动卖出，随后价格立即向该方向移动，我们就认为该行为被市场所接受。

这种主动性的买（卖）单所处的位置成交量会显著地放大。我们观察到的失衡越多（同参数下），失衡的力度就越强。对于失衡的参数设置极大地影响了失衡的展示形式，因为将软件设置为4倍的失衡和1.5倍的失衡是不一样的，后者的失衡会出现得更加频繁。主动性买入（卖出）与吸收一样，我们必须考虑到该K线的成交量。K线的成交量越高，我们的把握就越大（见图4-4）。

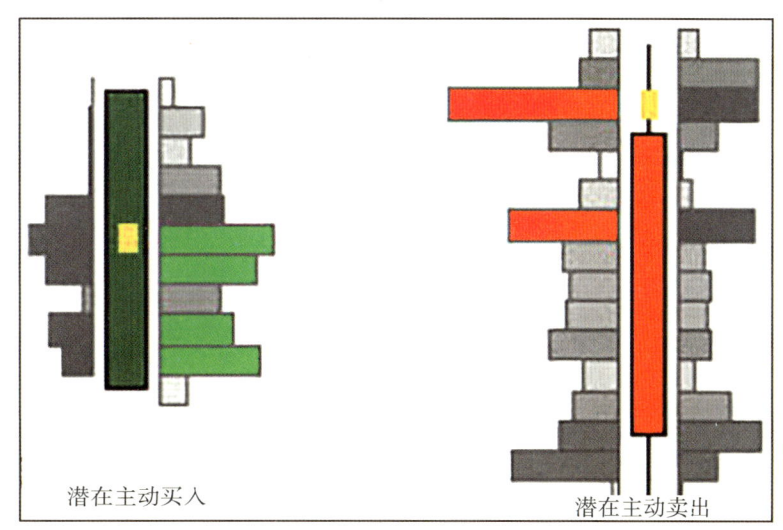

图4-4

与吸收不同，在主动性买入（卖出）的情况下，我们希望看到收盘价与失衡一致。也就是说，在主动买入的情况下，我们希望在K线的下方出现失衡，而在主动卖出的情况下，我们希望在K线的上方出现失衡。这种痕迹向我们表明，出现的失衡与随后的价格反应是一致的。

从本质上讲，这种表示主动性交易的K线与我们在威科夫理论中的强势K线与弱势K线是一样的，所以它们有共同的特征。

1.相对较高的成交量。

2.K线有较大的波幅。

3.在K线高低点附近收盘。

有时反转模式可以在一根或者两根K线中观察到（V形反转）。而其他反转模式，从潜在吸收到主动反转需要更多的时间。如果要成为真正的吸收，价格则需要经历一个震荡的过程，市场无法继续沿着原来的方向前进，这是一个非常明显的吸收行为。

另一个有趣的细节是，如果存在一个已完成的拍卖，那这是对反转模式的增强。这种信号表明交易者拒绝在该方向继续进行交易，并促使价格向相反方向的转折。如果我们不能通过足迹图来确定已完成的拍卖，我们也可以使用成交量分布来实现拍卖类型的确认。

4.3.1 熊市反转模式：买入性吸收和主动性卖出

如果正在等待市场开始下跌，我们会从图形的左边寻找主动买方被吸收的特征。

我们可以看到订单的成交情况，主动买单与限价卖单的成交明细出现在订单流K线的右侧，因此，我们想看到潜在吸收过程的特征是这里发生大量的交易。

但这些大单交易的位置不是随便发生的，最理想的情况是在K线图的顶部看到这些交易，因为如果真正的机构想要抛售，他们会挂出大量的限价单，这些交易将在高价位上被成交。

仅靠潜在的吸收还不足以支持我们进入市场。我们需要看到激进的主动卖出者，通过在订单流K线左侧中出现的大单交易可以确定这一点，这是由大量市价单卖出产生的。考虑到我们所处的背景，我们可以解释为：这种行为的意图就是进入市场来增加市场抛压。

这些大的交易出现的理想位置是在足迹图的上方。除此之外，如果价格继续下行并发现另外的卖家积极卖出的痕迹，在图形上则显示为弱势K线。

在两个连续的组合K线中，可以看到潜在的吸收与主动卖出的模式是如何实现的，这也是我们寻找的模式：前面的几根K线表示交易者对市场所处的位置并没有很大的兴趣，随后买方失衡出现在K线图的高位，接着一根K线出现了卖方失衡，这就完成了价格的向下运动，并在K线的低点收盘。我们还看到图4-5中Delta指标从+197到-171的大幅反转，表明控制权转向卖方，这也被随后的价格下跌所确认。

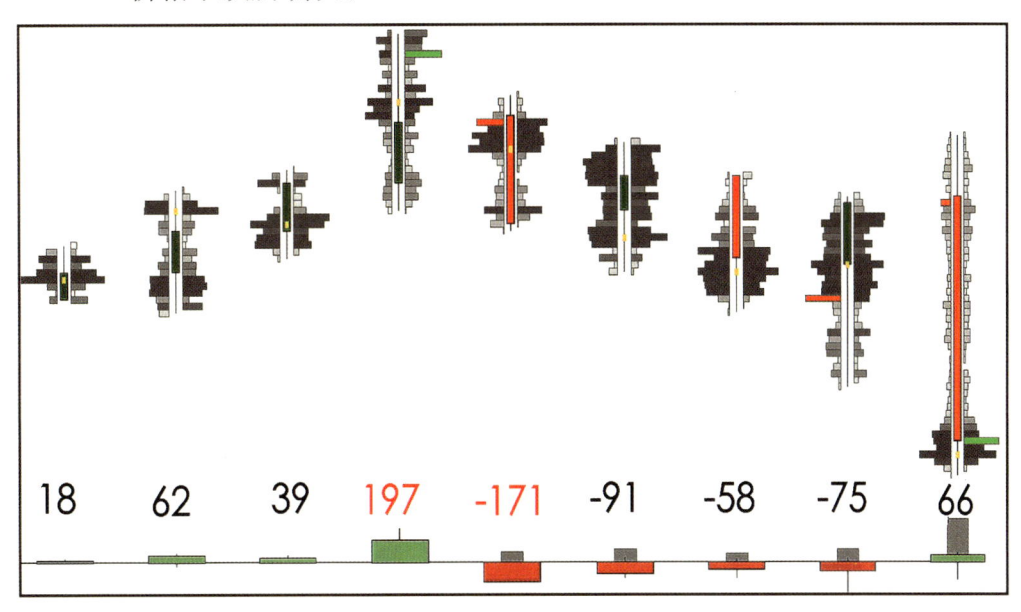

图4-5

4.3.2 牛市反转：卖出性吸收和主动性买入

在等待市场上涨的背景下，我们寻找卖出被吸收的特征。与熊市反转相反的是，这种吸收应该在订单流K线左侧显示出强烈的卖出。吸收在这里的特征是不允许价格继续下跌。所有主动卖出都与限价买单相匹配，使得价格不能向下推动。这是机构进行累积的重要特征。

关于这些重要的位置，我们希望它们出现在结构的底部，作为价格止跌的特征。如果我们在顶部看到这些巨大的成交量，就没有什么意义了。

随后，我们希望看到的是主动买入行为：委卖栏出现的失衡表明有资金有意图地进入市场，并推动价格的上涨。我们希望看到这些失衡保持在K线图的收盘价下，这表明买入行为有一定的延续性，可以推动价格继续向上运动。

从本质上讲强势信号（SOS）K线也正是如此，强势信号是由机构交易者引起的大幅度的价格波动。不同的是，仅仅通过K线图分析，我们看不到逐笔成交在K线中的展示，而订单流分析能做到这点。

图4-6是一个真实的牛市反转图形，在反转之前，我们可以在标识着-536 Delta的K线图上看到潜在的吸收。这个例子也突出了Delta的重要性。在-536Delta之后是一根上涨K线，这是潜在吸收的第一个迹象。因为如果这里是主动卖单抛售的行为，价格会继续下跌。相反，价格却在这里上涨，但是这根上涨的K线背后却没有太多的保证。一方面它没有留下任何的失衡特征，另一方面，与之前相比，Delta没有显著的放量。最有可能的原因是市场还没有准备好上涨。

而真正形成有效反转的是随后的两根K线。在第一根巨大的下跌K线中可以看到新的吸收，这根K线伴随着-312的Delta，第二根的主动上涨的K线特征则是大量的失衡，较高的成交量，Delta为+607，这些都证明了价格受买方控制。

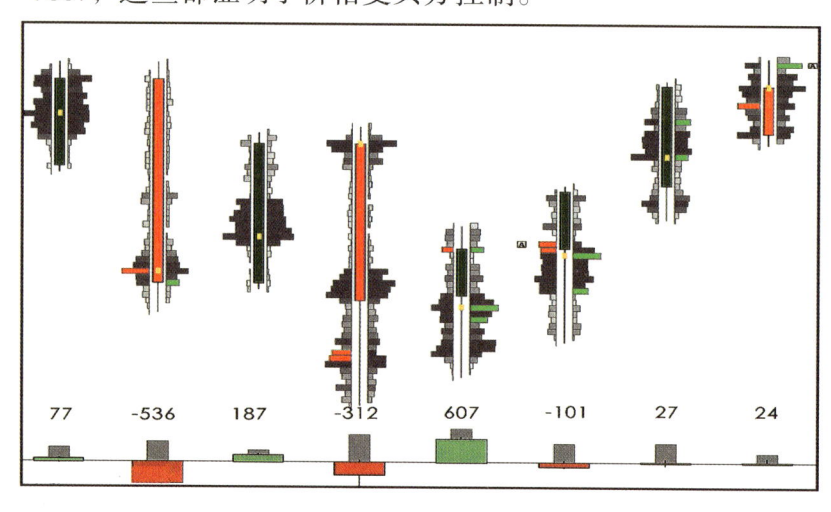

图4-6

4.4 延续模式

延续模式的主要作用是为我们确认趋势的延续，此外，还可以让我们在确定趋势延续后寻找入场点。

这种模式由两个步骤组成：

1.控制行为。

2.对控制的测试。

控制行为

控制指的是多空某方控制市场，这种行为是市场向一个方向运动的最佳信号，在足迹图上通过失衡体现。在本质上控制与主动买入（卖出）相同，而区别在于一旦趋势开始，就会延续。

虽然可以用一个失衡来确定控制是否建立，但最佳选择是等待多个失衡出现。本质逻辑是产生的失衡越多，该区域产生的控制就越强。同样必须考虑到参数设置的不同会显示不同的失衡数量，所以当参数设置足够大时，出现一个失衡也可能是控制的开始。

控制的产生不仅仅与失衡有关，还必须满足其他特征，比如K线长度、K线收盘位置和成交量。

因此，当我们看到买方失衡出现在成交量较大的K线上，并且收盘价在K线的三分之一之上时，我们就可以理解为上涨控制，K线内失衡发生的位置越靠下，控制就越强。下跌控制逻辑同理。

如果吸收叠加主动性买入（卖出）后，仍然没有进入反转模式，那么只要离我们设定的目标位还有很大的距离，控制产生后，我们就有机会在趋势中入场。

要让市场变盘，需要参与者有能力创造大量的失衡。他们不仅创造单一失衡，而且有足够的动力在不同的价位上连续创造失衡。如果在看到反转模式后，我们观察到成交痕迹中出现这样的情况，我们就更有信心寻找到市场中的专业投资者的资金。

对控制的测试

这种行为将测试之前激进交易者入场的区域。第一步是控制行为明显地确定了一个强势区域，如果市场重新回到这个区域，我们预期同向的失衡会再次出现,这就是背后的基本逻辑。我们倾向于激进的交易者要保护自己的头寸,从而为我们提供了良好的入场机会。因此,我们寻找的是在该区域形成的测试模式,这个区域包含了控制行为确定的价格区域。在这种情况下,吸收行为不会很明显,因为市场之前在这里做了主动拉升。此时应该继续关注的是主动性的买入,表明交易者在捍卫自己的头寸,这是入场的明确信号。

有时这样的测试会在下一根K线上迅速开始。一种情况是出现下影线,表示市场对测试位交易缺乏兴趣,之后收完一根反转K线。另一种情况是,该区域会有小幅向下的延伸,价格会暂时打破控制区,但最终会反转,并留下拒绝的特征。我们在这里要灵活地识别测试的表现形式。

我们知道,低成交量意味着市场不活跃,所以测试的过程中,成交量是相对较低的。

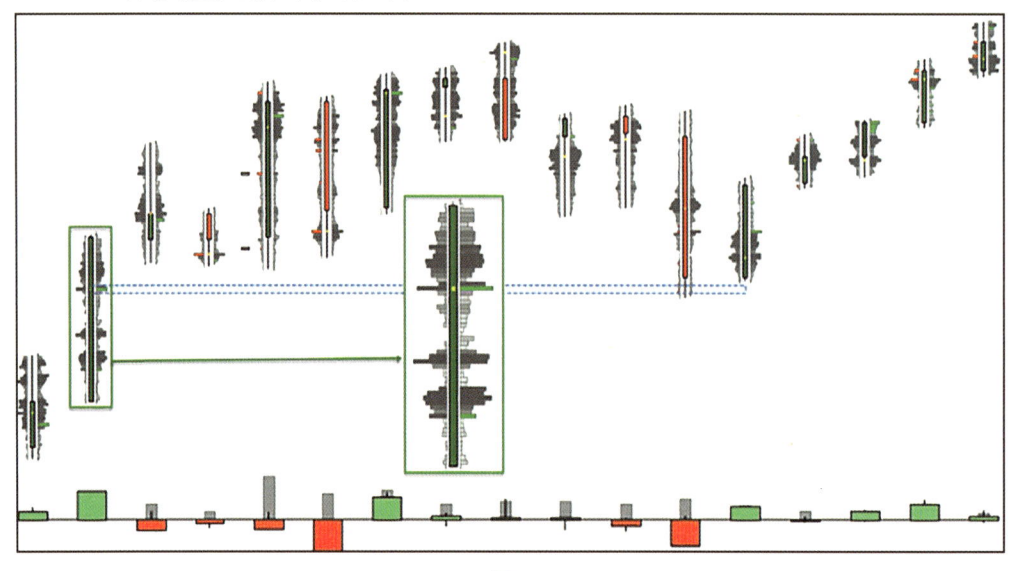

图4-7

在图4-7中,价格在运动中出现牛市反转。图形中产生了大级别的上涨趋势,伴随着较高成交量与正Delta。我们发现了失衡价位与K线的成交量控制点相吻合,我们将其向右延伸,作为潜在的多头交易区域。然后,价格回调到这个价位之上,并形成了一个两根K线组成的反转，并且delta也开始反转。值得注意的是，下跌的K线到达这一水平时，成交量减少，表示市场对价格的拒绝，而随后上涨的K线产生了巨大的成交量，使得在主动买入中出现了新的失衡。价格从那里开始继续上涨。

在图4-8中，我们看到下跌趋势的控制形态，高成交量伴随Delta大量流出，这表明空头的积极卖出。

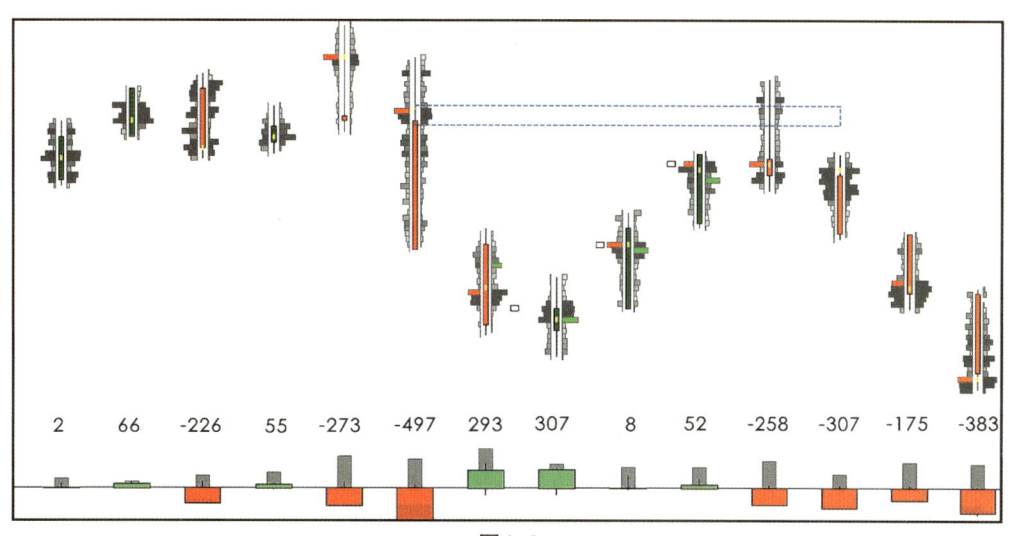

图4-8

我们可以看到，控制形成的K线中，失衡是伴随着高成交量的，因此我们可以认为该区域是一个高成交量节点，这是我们将来预判下跌延续的位置。图4-8为15分钟级别，如果我们想更精准地入场，我们可以把时间周期降低到5分钟级别来寻找下跌趋势：寻找吸收买入和主动卖出。如果我们想继续在这个时间周期下分析，我们将等待测试的这根K线收盘，以评估空头是否再次进入，当空头再次进入时，就触发了我们的入场条件。

正如上面所讨论的，在两个或更多的失衡产生之前，如果要将这种行为视为控制，即使它只有一个，它也要出现在一个大阳线或者大阴线上，收盘价接近高点或低点，成交量相对较高，因为这些都是在向我们暗示机构交易者的进入。

对于市场的延续形态，我们也可以将其视作为控制，等同于启动反转形态时的初始失衡。它很可能符合我们所寻找的所有特征，所以它是寻找进场的首要区域。

4.5 分形

本章前几节内容对模式的解读基本上是以日内交易为导向的，但这种逻辑能够以同样的方式应用到更大的时间级别。

在订单流的反转模式中，吸收和主动行为不过是在小级别中累积与派发的表现。同样的反转模式可以从一个稍大的周期中观察到（在一个或几个交易日中），并以P型和b型成交量分布的形式去展现，钟形部分是其中吸收的过程，而主动过程导致了后续的突破运动。

在更大的范围内，我们会看到从几天到几周组成的中长期结构。这些结构有相同的行为，其中吸收过程是累积或者派发的范围，而主动行为是趋势运动的开始，只不过主动性买单或卖单的交易规模更大。

不同周期成交量分布唯一的区别是市场完成吸收过程所消耗的时间。在图4-9中，我们看到左边图，吸收在三根K线中演变。中间的图，吸收需要一个完整的交易日。而在右边图，展示了更清晰的结构，它需要消耗几天的时间来完成这个过程。

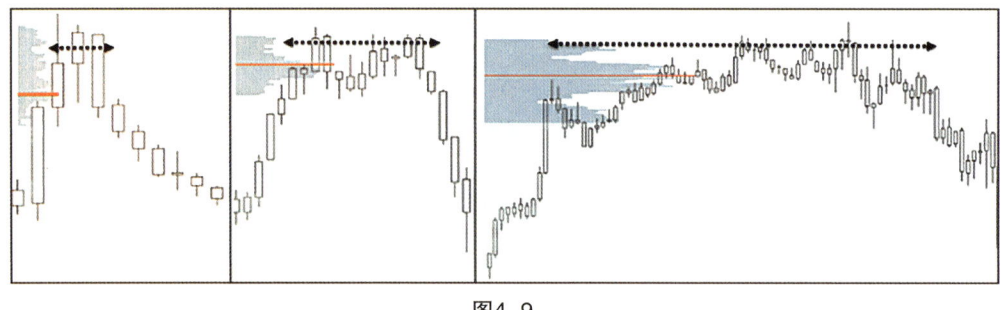

图4-9

延续形态也是如此。从本质上讲，控制行为将是加速运动的一部分，而对控制区域的测试也是走势的一部分。趋势运动的自然状态就是加速运动和回调。

从更长的时间周期看，如果我们在整个加速运动阶段绘制成交量分布，就可以在成交量控制点中识别控制的产生。成交量控制点将代表整个运动的控制区，这是最值得留意的位置，是潜在的回调结束处和新的价格开始处。

而在更长时间周期内，我们可以分析整个背景，我们将控制行为分配给高成交量节点，它代表了其他时间周期的累积或者派发结构。

在图4-10中，我们看到了这种控制中的分形概念。我们绘制了最后一次加速运动的成交量分布图，并确定了K线的成交量控制点。这个成交量控制点可以被认为是卖家的控制区，所以对它来说，一个好策略是在未来测试该区域时尝试做空。理解这个概念的关键是要清楚，如果这个下跌是单根K线的一部分，那么其中成交量最大的位置就是那个成交量控制点。我们也看到这种控制是如何由一个小的二次派发产生的，它导致了高成交量节点的产生。

图4-10

这是对市场分形的最好的解释。我们可以看到，无论时间级别怎样，行为总是相同的。分形理论是市场最核心的也是最本质的理论，一旦这一点被我们所理解，我们就可以结合不同的时间周期结构，以更大的确定性去参与市场。

5. 威科夫 2.0

在介绍了普适与可靠的技术分析方法之后，我们来到了理论中的最后一个部分：威科夫2.0。

威科夫2.0将威科夫理论的主要思想汇集在一起，结合拍卖理论、成交量分布和订单流等工具进行综合应用，帮助我们构建最稳健的交易计划。

威科夫理论

威科夫理论是交易的基石，它按照市场真实的逻辑提供背景分析，并结合不同的工具，判断多空哪一方控制着市场。现在我们先对整个概念框架做一个简要陈述。

第一，讨论市场运动逻辑的前提是有完备的分析框架。威科夫的理念中最核心的部分是三大基本定律以及累积和派发的过程。

在这三大定律中，最核心的是供求定律。供求关系是金融市场真正的驱动力。无论参与者的类型、意图、对市场的评估或与交易相关的绝大多数问题，最终都归结为买入和卖出，这是最普遍的规则。

第二，累积和派发的过程与因果法则相结合，真实地描绘了市场走势。如果要看到上升趋势（结果），需要有累积过程（原因）。如果要看到下降趋势（结果），需要有派发过程（原因）。

第三，清晰的市场背景是整个交易流程的关键。这是策略中最重要的部分，它帮助交易者根据目前的价格行为来推演未来可能的价格走势。

供应和需求的多空交易创造了市场结构，这些图形结构虽然在形式上各有不同，但本质上是一样的。对这些结构的识别有助于交易者认识到当前所处的市场背景，发现市场的运动方向。其中，要重点理解分形结构。分形理论阐述了小结构是如何构成大结构的。

第四，威科夫理论提供了一系列的分析工具，来判断市场运行过程中的控制方。

大多数市场行为都提供了多空控制市场的信息。以特定的方式完成某种走势，或者走势失败，在图形中都留下了可以用来分析的线索，这是评估市场中潜在强势或者弱势的客观依据。

第五，努力与回报的法则是分析市场一致或分歧的最好逻辑。分析的过程要尽可能客观，把有利于一方的市场行为相加，以确定哪方更有可能控制市场。

拍卖理论

尽管威科夫没有使用拍卖理论的概念，但是在他的思想中已经产生了这些理论的雏形，平衡和失衡是市场产生震荡运动和趋势运动的根本原因。

累积和派发是威科夫理论中的术语，这里是买方和卖方交换筹码的平衡区域，意味着市场暂时的有效与平衡（市场有效性拍卖理论中使用的术语）。上升和下降趋势的运动也是如此，这意味着市场暂时的无效与失衡。

威科夫理论的基本逻辑是基于拍卖理论，即市场接受和拒绝对应的交易区域的方法。部分人认为这种方法在当今是过时的、无法操作的。这种看法失之偏颇，威科夫理论是与时俱进且有操作价值的理论。此外，我们还引入了这样一个原则：市场为了促进参与者之间的交易，总会运行到以前的活跃区域，这一原则可以用于准确分析和寻找止盈区域。

成交量分布

成交量分布是客观地识别重要交易区域与价格的工具。

站在威科夫理论交易者的角度上，利用成交量分布进行分析有助于我们提高对结构的识别能力，主要是针对不规则图形结构不容易被识别的情况。通过分析关键的交易区域和价位可以确定市场的方向，并且通过持续评估价值区域的变化，来分析趋势的运行状况。

对于不使用威科夫理论的交易者来说，成交量分布也提供了一个以价值区域为基础的操作原则。利用威科夫理论提供的分析工具能够帮助我们判断价格的方向，而利用成交量分布的分析原则可以构建潜在的走势图，用来预判价格波动。

最后，成交量分布也可以用在资金管理中，例如确定交易进场位、止损位、止盈位等。

订单流

在深入研究订单的撮合机制后，可以在关键的交易区域上使用订单流。

订单流分析需要考虑市场结构与市场背景。如果没有明确的分析框架，就会使交易变成投掷硬币的游戏。

当有潜在的进场机会时，订单流就能派上用场，我们需要订单流这个放大镜观察市场细节，以此验证进场条件是否可以被触发。

以失衡为基础，对足迹图分析，主要涉及触发转折的两个关键行为：吸收和主动成交。而在延续模式中，订单流分析能够识别控制和测试行为，在趋势行情上寻找机会。

交易计划

在学习了衡量价格变化的拍卖理论、分析市场背景的威科夫理论后，根据成交量分布可以找到相应的交易区域，并提出不同的交易策略。为了便于理解本节内容，我们提出了整个交易过程的总结性纲要（见图5-1）。

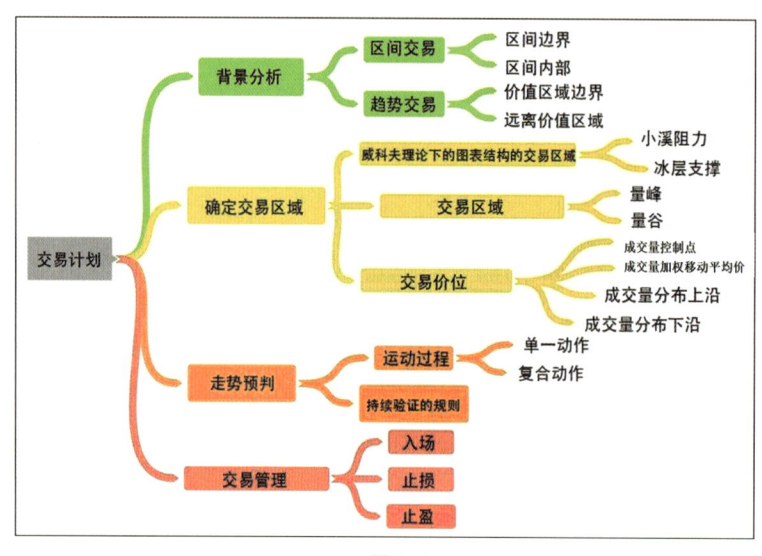

图5-1

5.1 市场背景分析

分析图形的第一步是确定市场背景：分析市场当下处于趋势还是震荡状态。分析市场背景的目的是帮助交易者根据需求和计划开展交易。

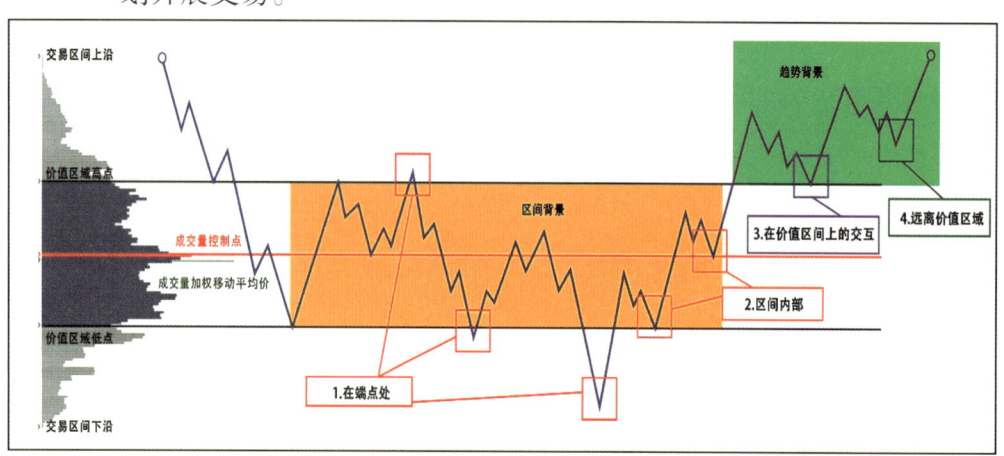

图5-2

图5-2中是一个典型的累积过程。这个案例展示了威科夫理论与成交量分布原则的结合。在区间交易背景的端点处（见图5-2中1处）的前三个交易机会，也符合成交量分布中的区间交易原则。

在出现弹簧效应后,价格回到了价值区域,两个方法的共同点在这里得到体现:根据威科夫理论,我们寻找价格对图形结构顶部的测试,同时根据成交量分布来看,价格到了价值区域的高点时将考虑反转交易。这种价格向相反方向运动的情况,首先在弹簧效应中体现。其次,如果它在图5-2中2处为我们留下了交易机会,就可能是在弹簧效应的潜在测试上或者是最后的支撑上。

当价格离开交易区间,交易区间背景就切换到了趋势背景。在趋势背景下,第一个操作机会是在突破后的测试3,威科夫理论会在小溪的上方寻找介入机会,而按照成交量分布的原则将会在价值区域高点参与交易。

当价格已经处于趋势运动中时,我们将不得不在远离价值区域(见图5-3中4处)的背景下进行操作,在那里我们将等待价格的回调,然后参与趋势行情(见图5-3)。

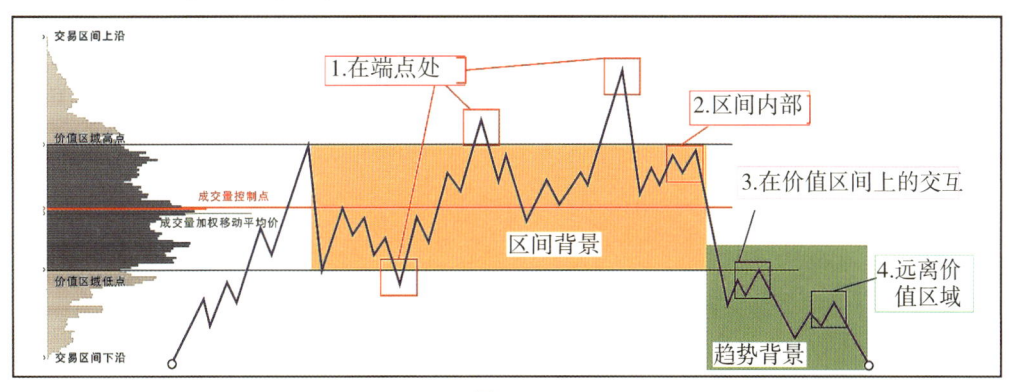

图5-3

5.1.1 区间交易背景

趋势运动源于区间运动。

区间交易中,底部震荡的过程可能需要一个或几个交易日(甚至几个星期)。如果其中包含了多个交易日,最佳方式是绘制整个阶段的成交量分布,以便在完整的视角内观察区间结构。

1.区间边界。当趋势运动停止后,价格开始进入区间交易,市场处于平衡状态。此时应当在图形结构的两侧寻找反转交易机会。

2.区间内部。当价格处于一个大的交易区间的内部,并且有足够的获利空间，此时可以寻找价格到达区间两侧时的交易机会。失败的突破提供了更清晰的方向判断。

5.1.2 趋势背景

当趋势确定后，交易者应该只做顺势交易，等待价格的回调，然后择机加入趋势。

1.价值区域边界。如果在震荡之后，价格出现无效状态并远离平衡区域，我们必须评估是有效突破还是假突破。如果分析市场的成交细节表明这里可能是一个有效的突破，那么在被打破（此时指的是原本震荡的价值区域边界被突破）的图形结构以及对应的价位上，我们应当通过对这里再次测试的确认寻找交易机会。

2.远离价值区域。一旦价格对之前平衡区域的有效突破进行了确认，价格将处于趋势行情的背景下。市场对新产生的交易与价位的接受，使市场倾向于继续朝这个方向发展。

我们必须不断地问自己一个问题：市场目前处于什么背景下。答案将决定应用的策略类型。正如我们已经知道的，市场只有两种情况，即平衡或失衡。因此，我们基本上是在区间和趋势上寻找交易的机会。

接下来，我们将深入研究每一种市场背景。

5.1.3 区间交易的逻辑

区间交易中，主要依据价格与平衡区域的两种关系进行分析。

区间边界

价格在价值区间内运动表明多方和空方处于平衡状态，多空双方都无法控制价格的走势，所以价格会在区间内继续运动。

这里的背景倾向在区间两侧进行反转交易。

1.威科夫理论倾向在C阶段的突破失败时寻找入场机会。即在图形结构的上方寻找上冲回落结构，在图形结构的下方寻找弹簧效应结构。按照价格运动的机理，价格在一端反转后将运行到区间的另一端。

2.成交量分布理论倾向在价值区域的边界上做反转交易。价值区域的高点是熊市反转机会，价值区域低点是牛市反转机会。价格在边界上被拒绝，意味着价格很可能运行到价值区域的另一端。

区间内部

如果区间达到一定宽度，可以考虑第二种场景。根据威科夫理论，如果价格已经形成了在C阶段的测试，那么这里是D阶段区间内趋势运动的入场点。同时另一个重要的过滤条件是这里有足够的目标空间与风险回报比。

此时的任务是要找到尽量合适的入场点。价格运动到这些有利的入场位置并产生了有效的突破，表明市场在该方向上被控制。如果这里同时也是高成交量节点，我们就可以再次确认市场在该方向上被控制。

在一个较宽的成交量分布内能够确定成交量活跃度不同的区域。最近的一个高成交量节点，是短期内决定市场方向的位置。价格保持在该高成交量节点的上方，就维持看涨观点，反之，如果价格在它的下方，则维持看跌观点。

1.高成交量节点是价格的横向发展的体现，做多的依据是看到在高成交量节点上面存在有价格保护的累积过程。

2.派发过程与累积过程相反。如果价格在高成交量节点下面，价格将被识别为一个派发过程，这时市场倾向于空头方向。

对于区间内的交易，当价格达到平衡区域的两侧时，需要对交易进行适当的仓位管理。原则上市场没有哪方能完全控制市场，直到最后平衡被一方力量所打破。

在成交量分布的交易原则下，如果价格出现假突破，我们将在反转交易的背景下应用80%规则，即价格重新进入价值区域后，有80%的概率价格将运动到价值区域的另一侧。

5.1.4 趋势交易的逻辑

在价格震荡运动被打破之后，处于失衡状态，表明价格倾向于朝某个方向发展，我们将在一些重要的位置上，寻找相关的测试以便开展交易。

价值区域的边界

市场中产生的新信息导致了市场的失衡，我们首先要评估这是不是一个失败的突破，使价格重新进入价值区域。

如果这里是一个有效的突破，随后应该寻找一些顺势交易机会。

1.根据威科夫理论，如果我们看到一个快速的价格波动打破了图形结构，我们会在D阶段的突破测试中寻找入场的机会。

2.这种类型的交易对不使用图形结构的交易者也同样有用，逻辑是完全一样的。基于纯粹的成交量分布分析时，我们可以等待价格离开某个价值区域，并在相同的价格测试中等待进场的机会。这就是成交量分布交易原则下，价格有延续的交易类型。

为了确定突破的真实性，我们将分析不同的市场足迹，现在再来回顾一下本章节中所讲的"如何区分累积和派发"的知识。

如何区分累积和派发？为了确定突破的真实性，主要考虑以下的市场行为。

1.失败的突破。关键特征：寻找流动性。失败突破的程度越深，确定性越强。尽管有时会在区间的某个高点或者低点出现局部假突破，但是我们还是要等待整体的突破失败，因为这是最明显的信号。

2.突破或者突破失败后的价格行为和成交量。大阳线或者大阴线伴随着高成交量，表示市场被多头或空头所控制。在突破的时候，由于面对的是一个流动性充沛的区域，很可能会出现相对较高的成交量，甚至会观察到一些长的上下影线。而且不应该一开始就认为这是一个失败的突破，因为吸收行为也会出现高成交量和上下影线的特点，关键是接下来的市场发生的行为。

3.突破后的市场反应，寻找价格不重新进入价值区域的机会。在价格突破价值区域后，必须等待价格在新的价位上获得市场的认可。价格在区间外的震荡运动证明价格得到了市场的认可。

另一种方式是成交量控制点移动到新的区域或在随后的交易时段创造了新的交易区域。这代表市场接受了价格的位置，但我们仍需等待市场对价格的突破确认，之前在成交量控制点的章节已经讲述过。

价格没有重新回到价值区域是对突破的最后确认。此时，在价格、时间、成交量的维度上，市场已经改变了看法，这里大概率将确认突破的延续。

应该注意的是，突破后不应在此消耗过多时间，这里应产生新的成交量控制点，价格应该开始趋势走势。出现失衡后价格应当以一定速度延续趋势。

一旦价格维持在价值区域外，失衡发生，向上的突破没有被拒绝，此时就是一个理想的入场时机。

1.如果市场处于潜在的上涨突破中，那么之前下方及平衡区所有的成交量都可以被确定为一个潜在的累积过程。累积的结果将是价格的上涨，因此这里是值得关注的位置。

2.相反，如果市场处于潜在的下跌突破中，价格能够维持在该区域，并且没有重新进入之前的平衡区域，这里将被确认为是派发过程，我们可以利用下跌趋势并择机做空。

远离价值区域

在这种情况下，价格已经脱离了某个价值区域，并寻找新的平衡区域。在这种趋势背景下，我们如果确定在某个交易价位入场，最好等待市场对其进行测试。

在这里，要明确威科夫关于市场运动的规则。众所周知，市场是以上升浪和下降浪的形式运动的，因此，这里的交易计划必然涉及波动的修正，本质上这是修正浪，然后价格再继续向趋势失衡的方向发展。

现在的关键是确定可能的交易区域，等待价格走势对回调进行纠正。当价格走出E阶段时，可以运用威科夫理论寻找趋势性走势的入场点。这是一个令人困惑的背景，因为这种根据理论进行的交易会寻找新的具有意图的K线（强势信号/弱势信号）、更小的图形结构和新的震仓行为（普通震仓/冲高回落），但它并没有告诉我们应该在哪个位置去等待这种价格纠正行为的发生。

我们看到了成交量水平和交易区域的重要性，它们可以帮助我们更清楚地确定价格可以到达的价位，并为我们提供更多的市场足迹来分析趋势运动的健康状况。理想的情况是等待一个小型结构在某些价位（比如周线级别成交量加权移动平均价）之上发展。

这里有一个非常有趣的概念：我们将倾向于在累积或者派发的方向交易，直到市场发展出一个相反方向的图形结构，或者直到价格失去了最后确定的价值区域。

在趋势背景下，我们注意到最后一个支撑当前趋势运动的高成交量区域。也就是说，如果我们处在一个上升趋势中，我们将在当前价格的下方发现一个很明显的高成交量节点，如果我们处在一个下降趋势中，我们发现最后一个高成交量节点在价格之上，这些节点将最终决定市场控制权的变化。因此，只有当这个区域被突破时，我们才会提出反向趋势的看法。为了更深入地理解这个概念，可以再次回顾一下通过对交易区域的分析，以确定市场偏向的情况，这里请参考成交量分布章节的内容。

5.2 确定交易区域和关键价位

了解市场背景并确定了操作方向后，我们要根据对价格的预期寻找入场位置。交易区域与关键价位要根据策略的类型进行灵活调整。

基础的交易逻辑对所有的市场背景、时间级别都是适用的，即确定要交易区域和关键位置，等待失衡触发条件并入场。

根据不同的交易类型，我们可以把相同的概念进行调整并应用于对应的交易之中。

1.日内交易：前一个交易日的成交量分布作为市场背景，当前交易日的成交量分布作为决策的依据。

2.长线交易：前一周或者是一个涵盖数周或数月的综合的成交

量分布，能够识别交易的重要区域，以及更大时间级别的成交量加权移动平均价。

3.图形结构交易：根据要交易的图形结构和图形结构上的关键节点，绘制成交量分布。

最有效的方法是综合使用上述方法。最终每个交易者将确定属于自己的交易方式，因为没有适应所有情况的通用交易方法。这些方法的本质是相同的，可以应用到各种场景。

这里有一点很重要，已经完成的成交量分布比仍在发展的成交量分布有更高的相关性。从本质上来讲，一个仍在发展的成交量分布容易受到价格变化的影响，因此该成交量分布的重要性就会下降。另一方面，已完成的成交量分布代表了最终的市场共识，所确定的价位变得更加重要。

至于一个综合的成交量分布应绘制多久，我们没有一般性的规则，可能会考虑上周、本周、上月、本月或本年。交易员的工作是决定使用成交量分布的周期，并在时间周期上做出谨慎选择。推荐的做法是，成交量分布能够涵盖足够多的价格走势，以便能够识别关键的交易区域，尤其是高成交量节点和低成交量节点。

随后，我们将在确定的交易区域和价位寻找入场的触发条件，主要是：

1.威科夫结构下的核心位置。

2.成交量分布的量能区域：高成交量节点和低成交量节点。

3.成交量分布的价位区域：价值区域高点、价值区域低点、成交量控制点和成交量加权移动平均价。

根据交易背景，我们将在特定价位上等待交易机会。

5.2.1　区间两侧的位置

在威科夫理论中，在图形结构的高点或者低点处存在潜在的假突破。假突破本身可以看作是一个激进的入场机会，而假突破作为测试也可以看作是一个保守的入场机会。

成交量分布上沿与成交量分布下沿

考虑到成交量分布的价格区域，我们也能在价值区域的两侧寻找反转交易的机会，有时这会与图形结构的两侧相重合。这也是威科夫理论中所讲述的区间交易。

5.2.2 区间内部

高成交量节点

高成交量节点是最值得考虑的地方，如果价格距离高成交量节点还有很大的目标距离，我们将等待价格到达。

低成交量节点

低成交量节点的性质决定了它们是寻找潜在交易机会的绝佳区域。在这种情况下，理想的做法是通过整个交易范围内的成交量分布来确定这些区域。

成交量加权移动平均价和成交量控制点

对于日内交易者来说，重要的参考区域可以是当前交易日的成交量加权移动平均价和成交量控制点。对于结构交易者来说，可以是包含其中几个交易日的成交量加权移动平均价和成交量控制点。

这些是决定市场控制权的价位，所以我们将等待价格在这些价位之上产生有效的突破，等待第一个在这些价位测试的入场机会。测试最好是寻找最近的价位，如果这些价位汇聚在同一位置是最好的。

有时价格在产生突破后不会留下任何测试痕迹，而且动量会迅速推动价格向某个方向移动，因此，在强势的突破产生后，资金会更激进地进入市场。

5.2.3 价值区域边界

在失衡出现后，我们要评估价格运动的持续性和可能性，等待价格回调，基于以下价位来寻找入场机会。

被破坏结构的价位

对于图形结构交易者来说，这是威科夫理论中的一个经典入场机会，即突破后的再次测试。我们将等待价格回到突破后的小溪或者冰层区域，其本质是一个低成交量节点。此外，我们还要注意价值区域两侧的价位，不要漏掉这里的交易机会。

价值区域的两侧

日内交易者或者不考虑图形结构的交易者，可以在价格离开某个价值区域后再对入场机会进行评估，等待市场对价值区域的两侧进行测试后再进场。

价格区间的成交量控制点

成交量控制点是突破后回调时最后的关键价位。如果它离突破的位置很远，建议单独考虑这种情况，因为在那个时候，价格已经回调了较多的点位，而且重新进入了价值区域。在这种情况下，根据成交量分布的交易原则，可以考虑失败的反转交易，价格此时会继续回到价值区域的末端。

5.2.4 远离价值区域

在失衡的背景下，我们已经有了一个可以利用的高成交量节点（累积或者派发的开始）。

价格在任何位置上都不会持续上涨，且会回调。如果第一个关键价位和当前价格非常接近，我们会继续向下寻找下一个回调的目标价位，且回撤的幅度与之前的动量大小有一定的比例关系。

上一交易日的关键位

一般来说，由于我们处于趋势的市场背景下，价格回撤的位置将对应于之前的交易日的重要价格位置（价值区域两侧、成交量加权移动平均价和成交量控制点）。在日内交易中，随着时间的推移，我们也可以在当前对应的价位上做出一些交易计划。

周线级别的成交量加权移动平均价

我们可以重点关注周线级别成交量加权移动平均价的价位，因为在这些趋势背景下，周线级别成交量加权移动平均价有助于我们寻找回撤结束与新的失衡引起价格波动的位置。

前一个快速波动区域的成交量控制点

此外，我们可以绘制价格的最后一个快速拉升（下跌）的成交量分布，找到其成交量控制点的位置，因为我们知道价格很可能会回到这个区域。

低成交量节点

一个重要的观点是，要在我们交易的时间级别内确定低成交量区域。在这种情况下，我们可以使用不同的成交量分布：确定总体市场背景的综合成交量分布，前期快速波动区域的成交量分布以及先前几个交易日的成交量分布。

对于不同的市场背景，我们希望在交易中找到更多的价位。值得注意的是，我们推荐在各个交易价位的汇合区域上寻找入场的交易机会，并将成交量控制点和成交量加权移动平均价进行组合。

5.3 走势预判

当我们明确了市场背景与我们要执行的交易策略的类型，并确定了等待入场的价位后，就应该制订交易计划。通常情况下，寻找进场触发点的背景将由一到两个动作组成。

单一动作

价格已经处于一个有利于我们交易计划的位置，因此我们只需等待一个简单的价格波动，并将价格带到交易区域。

根据市场背景，如果想要买入，我们倾向于想要的关键价位低于当前价格，等待价格回到这里做多。

反之，完成对市场背景的分析后选择做空，我们将确定最关键的价位，在这里寻找做空的进场机会。

在图5-4中，可以看到价格在一个区间背景中，价格处于潜在的弹簧效应下，所以交易计划是等待一个测试动作，从而找到触发做多的位置进场。

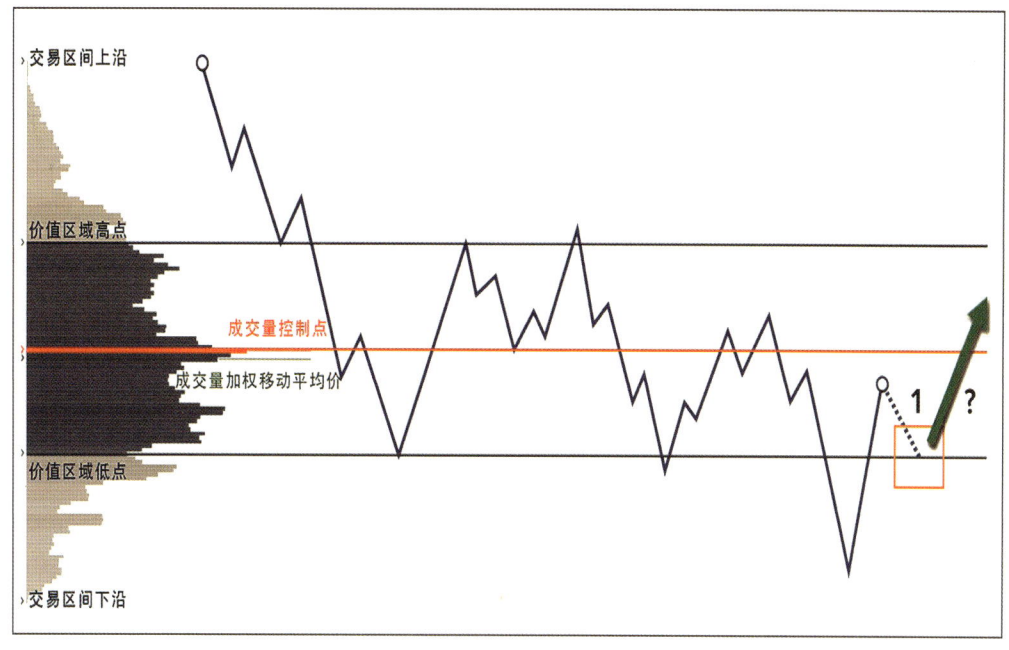

图5-4

复合动作

我们可能只想在我们预期的价格波动发生时，才进行交易的相关操作。

根据对市场背景的分析，如果我们想买入，但价格低于确定的交易区域时，我们应该等待价格先移动到这个区域之上，并进行测试之后，我们就可以择机入场。

如果我们想卖出，但价格在交易区之上，也会发生类似的情况。在这种情况下，我们应该等待价格回到交易区域，并进行测试。

在图5-5中，我们对市场背景的解读是价格处于一个区间背景中，我们担心其处于一个潜在的弹簧效应下，而且这个区间是累积区间的可能性很大。

此时，按照交易理论提供的模式，在看到上涨突破(见图5-5中1处)和随后的测试(见图5-5中2处)之后，可以择机入场。就市场背景而言，如果我们想买入做多，但价格不在有吸引力的区域中(因为它将面临突破的关键区域)，那么构建两步走的方案比较合适。

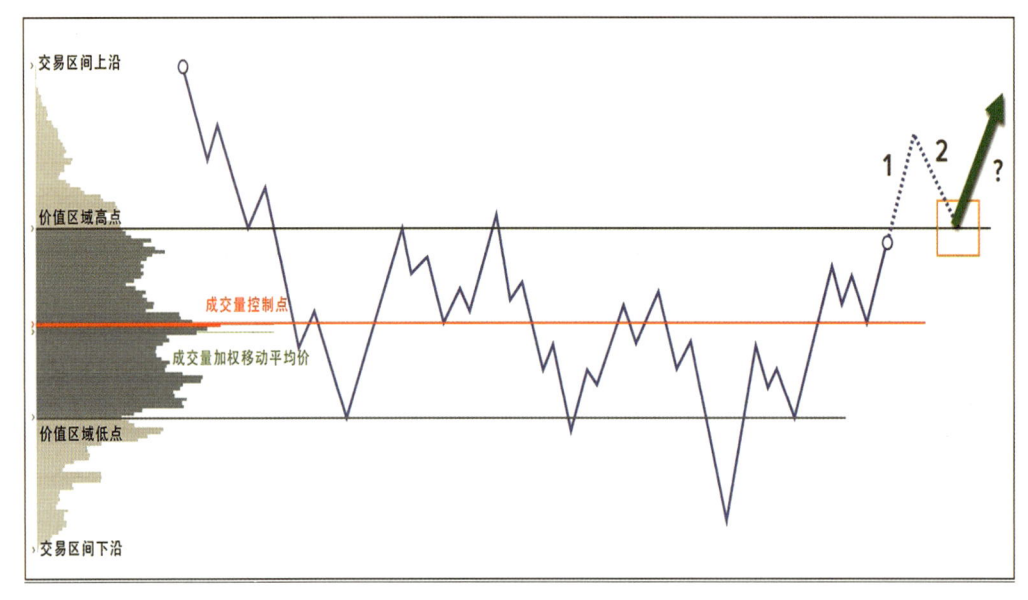

图5-5

如图5-5所示,尽管价格可能在1处上冲回落,并重新回到价值区域。但是我们看到在下方假突破后价格快速上涨符合我们的多头预期后,我们应当维持看涨观点。

市场显然不会总是遵循我们的预判。在很多情况下,我们要根据价格的变化来改变对市场的看法与预期,这也是新的信息不断进入市场的过程中需要做的。

完成这个过程的最佳方式就是根据我们的交易规则对市场进行持续验证。这个过程是对市场所发生的事情做出积极的反馈(如果X发生了,那么可能出现Y)。也就是说"如果价格这么走,那么让我们期待后续……",随时判断价格要做什么,并顺其自然地应对这些价格波动,这是一种最优的方法。

"如果价格突破小溪,我们将等待市场对关键位置的测试,然后寻找买点。如果是一个假突破,我们将等待市场在反方向的测试,然后寻找做空的机会。"

这里的关键是评估市场发展的所有的可能的走势,即使我们一开始偏向于某种走势,我们也始终应当考虑相反方向的可能,使我们能够在必要时迅速地改变对市场的看法。

图5-6是价格处于图形结构顶部的案例。价格处于一个交易区间，这个地方可能是上涨突破或者是假突破。根据背景，我们倾向于上涨突破，因此我们寻找在突破处的测试买入。但是价格运行到这个位置时，价格重新进入区间并强烈地拒绝上涨，并上冲回落。我们应该有足够的能力来实时解读价格的行为，并改变交易计划，寻找做空的机会。

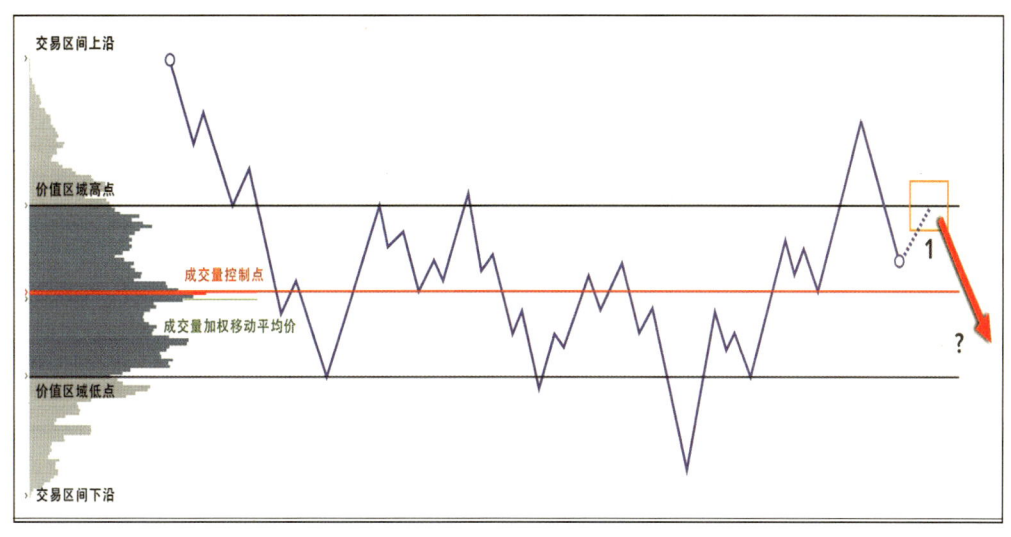

图5-6

5.4 交易管理

虽然交易中最重要的部分是威科夫理论为我们提供的理论框架，但是当涉及交易计划和交易方法时，成交量分布和订单流工具发挥了巨大作用。

通过威科夫理论的原则，可以识别市场背景；通过成交量分布的交易区域和关键价位，能够更准确地判断价格潜在的走势；依赖订单流的精确性，能够进一步确认和校准我们入场的点位。

5.4.1 入场

无论在何种交易环境下，触发入场的条件始终不能与机构交易者的交易意图相违背。

不同于单一的价格行为分析，我们的主要目标是重要K线（见图5-7）。

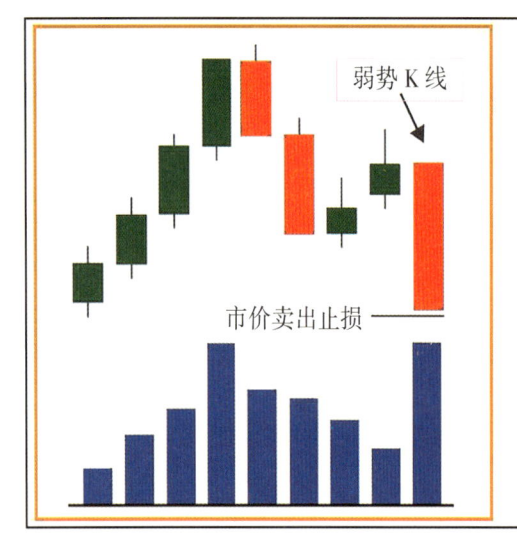

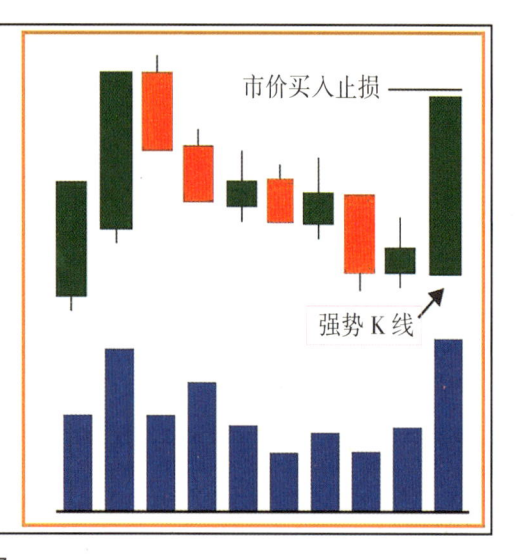

图5-7

1.强势K线。

特征：上涨的信号，收盘价在整根K线的上方三分之一以上，K线长度较长，相对较高的成交量。

2.弱势K线。

特征：下跌的信号，收盘价在整根K线的下方三分之一以下，K线长度较长，相对较高的成交量。

这两种K线代表着市场向上或者向下运动。买卖双方通过比对方更积极的交易获得控制权。

对于那些想观察订单流的人，我只建议使用已经解释过的概念：

1.反转模式：吸收和主动行为。

2.延续模式：控制和测试。

本质上，在反转形态中，我们需要强势K线和弱势K线作为确认的领先指标。如果没有触发反转条件，我们可以在延续形态下寻找重新入场的交易机会。

入场订单

在订单类型一节中已经讲到，参与者可以通过不同的方式进入市场。例如市价单、止损单或限价单。

在我们的案例中，我们将使用止损单（这里的止损单实际为条件市价单）。我们所有的买入价格，都大于当前价格，所有的卖出价格，都小于当前价格。

随着强势K线的出现，市场出现了明显的单边迹象。使用止损单作为明确的入场过滤器，表明在强势K线之后的价格运动有延续性。

有时我们会发现一开始K线非常强势，而收盘时，价格却向相反方向快速逆转。在K线内部发生了吸收过程，而且机构交易者的意图是与开始强势方向相反的。通过使用止损单进场可能无法避免这种情况中的极端现象，但在这种日内反转中大部分情况我们都是能避免的。

如果我们面临的是真正失衡的价格走势，将有强大的动量继续推动价格朝着该方向运动。通过这种类型的限价单，我们利用强势的失衡入场。

在任何情况下，交易者都应该对这部分关于订单类型的知识进行更深入的研究。最好是在K线收完后用市价单入场，在交易痕迹上看到积极的订单后，不用等待K线收完，甚至用限价单，在可能的价格回撤时进入市场。任何选择都可以有效进场。

为什么不应该用限价单入场？原因很简单，因为你是在赌你预计的价格现象会发生，请记住，我们是在一个完全不确定的环境中交易，我们不知道会发生什么。

例如图5-8中，我们在图形上看到市场正处于潜在的弹簧效应下。如果分析是正确的，我们知道威科夫理论提到的市场要经过的路线图至少要对图形结构的顶部进行搜索，因此，在对弹簧效应结构进行测试的时候，我们或许会认为一个限价买单是不错的选择。

但是这样的测试可能永远不会发生，相反，价格会继续下跌，这说明我们的分析是不正确的，这将导致我们的账户发生新的损失。问题不在于损失本身，因为亏损本身就是交易的一部分，问题的核心是我们采用的交易方法并不是最稳妥的。

如果看到潜在的弹簧效应并设置限价买单的时候，你是在赌价格会发展出两种走势：下跌，价格将在这里测试；上涨，价格将运行至顶部。但我们只能基于一种走势进行交易。

图5-8

在这种情况下，因为价格处于一个潜在的弹簧效应下，我们最初可以把下跌走势认为是对弹簧效应的测试。而一旦价格到达它"应该"反转的区域，我们必须再次对价格走势和成交量进行分析，看看是否产生了上涨失衡，然后我们可以期待下一次的上涨走势直到价格越过小溪（见图5-9）。

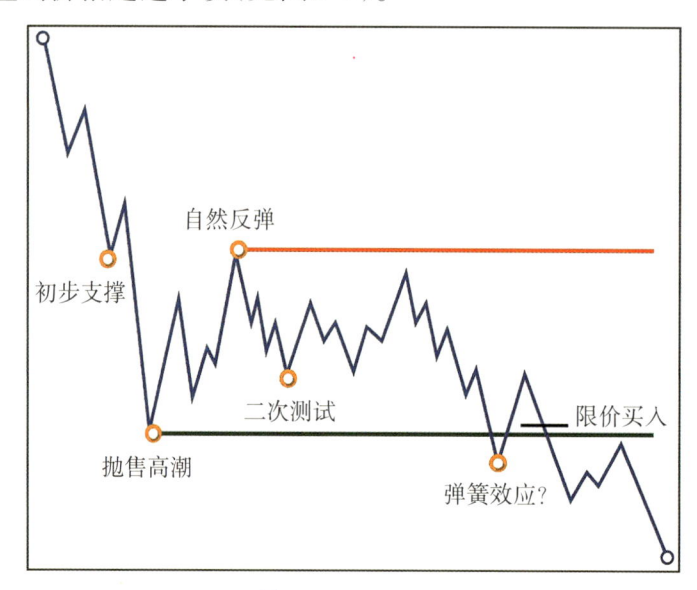

图5-9

基本思想：我们必须对多头和空头之间的博弈进行持续的分析，即使我们根据市场背景，能够判断价格可能向某个方向运行，我们也必须根据实时情况去进行合理的验证，而且市场本身也会证实这一点。

如果在一个潜在的弹簧效应测试位置，激进的多头出现并推动价格上涨，此时我们需要看到市场出现的足迹图确认我们的分析是正确的，在这种情况下将为我们提供交易机会。还应该记住，入场点可能在交易区域之上，这与该交易是盈利还是亏损并没有关系。正如我们已经看到的，新的信息在不断地进入市场，这可能在任何时候改变市场参与者对股价的看法。

5.4.2 止损

从威科夫理论的角度来看，我们建议把止损位置放在重要K线和图形结构的后方[①]。其逻辑是：如果机构交易者已经主动进入这些价格区域，他们会积极地参与价格的变动，并且在价格对他们不利的情况下捍卫自己的头寸。

此外，我们倾向于把止损放在重要的价位或交易区域的另一侧，这样做的效果非常好。

我们要寻找的第一个区域将是低成交量节点。在成交量分布一章我们已经论证过，根据成交量分布的原理，低成交量区域可能会起到对价格拒绝的作用，而这正是我们所期待的：如果价格到达这个区域，产生V型反转，市场对价格的拒绝将保护我们的头寸。

市场拒绝价格的另一种方式是，价格迅速地越过这些价位。如果是这样，它肯定会到达指定价位，并触发保护性止损单。由于我们无法确定性地预测价格的走势，我们必须在一开始认识到这种类型的区域，即价格拒绝类型是V型反转的区域。

利用关键价位保护交易头寸的逻辑在于：这些关键位置上有大量的成交量，但这种成交量也可能成为导致价格转向的杠杆。

---

① 例如弱势K线后进场，止损放在低于强势K线最低点的位置上。——译者注

有些人可能会认为，如果这些价格位置因其价格上的流动性而像磁铁一样吸引价格回到这里，为什么要用它们来保护头寸？如果我们在这些价位之下买入，根据磁吸效应，不应该认为价格会回到这些价位吗？逻辑在于，在进场的那一刻，我们在努力寻找价格失衡与延续性。此时，价格将远离，市场进入新的平衡及所有人都接受的价格位置。在这些价位上，市场的参与者使价格重新进入区间交易，我们仍有可能挽救这个亏损的头寸。

如果市场处在潜在的弹簧效应下，弱势K线出现，我们就可以在K线上方的突破处，用止损买入订单入场，将止损的位置放在触发K线上（见图5-10中#1处）或整个图形结构（见图5-10中#2处）的下方。

在图5-10中1处或者2处的任意一处，当价格触发K线产生失衡时，将会首先对止损进行保护，其中失衡的来源有：所有对价格有支撑作用的成交量加权移动平均价、图形结构中的价值区域的低点，且价值区域的低点也是低成交量节点。

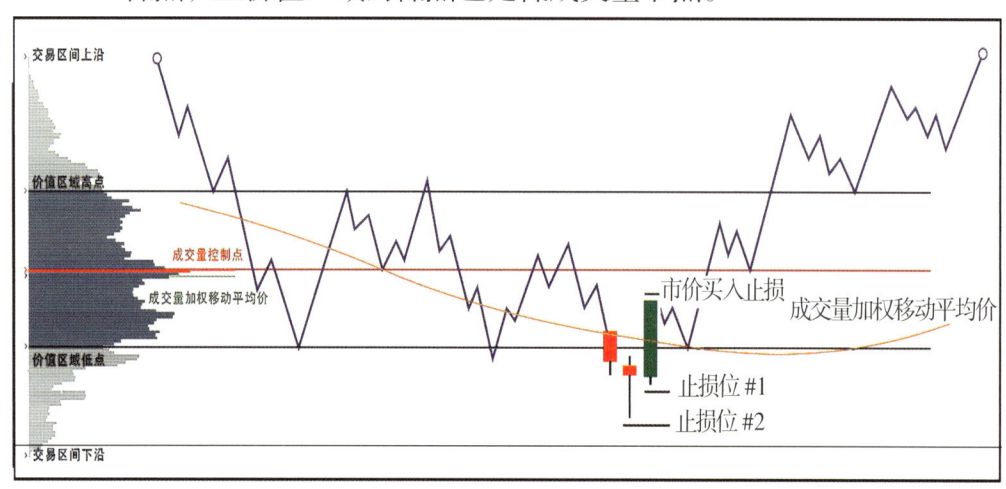

图5-10

在图5-11中，如果弱势K线出现触发了空头的入场，我们将把卖出止损单放在图形结构的低点之下，我们也有几个位置来放置止损单：在触发K线的高点之上（见图5-11中#1处），在价格转折中产生的最高点（见图5-11中#2处）以及在成交量分布的成交量控制点的另一边（见图5-11中#3处）。

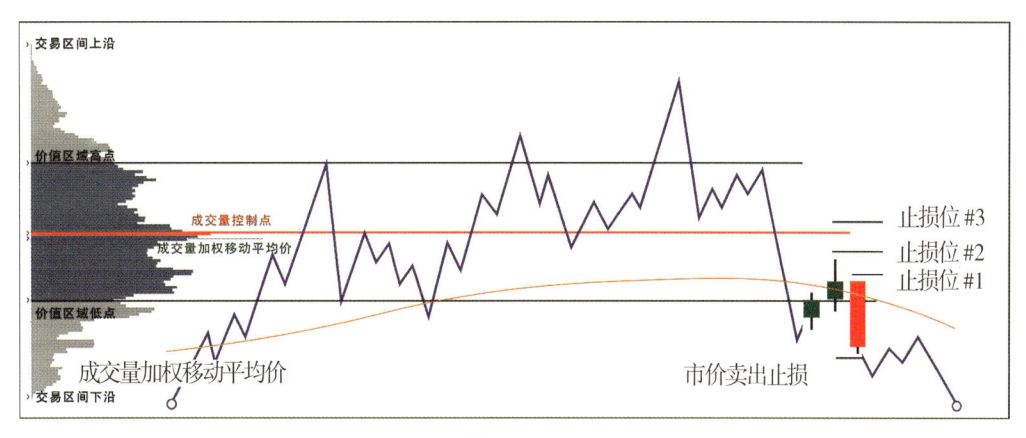

图5-11

我们的卖出止损单也受到K线本身、成交量加权移动平均价以及成交量分布价值区域低点的保护，在这种情况下，它除了是一个低成交量节点外，也是图形结构的冰层（ICE支撑）。

有必要对成交量分布的成交量控制点做一个说明。在图5-11中，成交量控制点距离入场的位置相对远一点，但它仍然是一个需要考虑的价格位置。交易者应该分析是否能够接受将止损放在该价位的风险，即盈亏比。

我们不能机械地看待市场，我们必须适应市场行为。有时所有的价位会在一个非常狭窄的范围内汇聚，这能给我们的交易带来更大的胜算，而其他时间内这些价位基本不会重合，我们必须评估在哪个位置做交易对我们更有利，以及是否值得承担风险。

5.4.3 止盈

当账户有了盈利，何时止盈是我们必须考虑的，止盈有以下几种方式。

1.情绪K线。当我们没有其他依据可以参考时，它非常有用。

2.前期的A阶段停止运行后，阻止了之前的趋势，以及可能是潜在C阶段。

3.在价格反转时产生的流动性区域（前期的高点和低点）。

拥有了成交量分布进行分析后，我们增加了一种客观的方式，当价格在我们想获利的方向上时下面这种方法非常有效。

4.之前的高成交量区域。

要利用我们在交易方向上的高成交量节点。这种区域像磁铁一样吸引价格回归，因此我们有信心将这些区域作为目标获利区域。

根据拍卖理论，在失衡发生之后，市场会寻找反向交易者。这是价格会移动到前期有高成交量区域的原因，因为市场预计同样的事情会在同样的位置再次发生。

记住一个非常重要的结论，即市场会受短期情绪的影响。新的交易区域比以前的交易区域对价格更有吸引力。

在设定目标价位时，高成交量节点的参考是模糊的。高成交量节点是一个区域，而获利了结的订单却是一个特定的价位，到底该放在哪里？为此，价值区域的成交量控制点是一个理想的参照位。高成交量节点可以帮助我们确定可能的价格区域和成交量控制点，以确定目标价位的确切位置。

对于日内交易，另一个重要的工具是趋势运行中的成交量控制点。

动态的成交量控制点指的是一个交易日内的某个时刻的成交量控制点的价位，无论它们是否是该交易日的最终的成交量控制点。交易日内的成交量控制点是根据市场价格的变化而变化的，而这些变化代表了市场的变化过程。简而言之，我们分析的是一个高成交量的价位，因此这些价位对价格有吸引作用。

在图5-12中，我们看到第二个成交量分布是P型分布，下跌的过程会寻找过去的成交量控制点下方的价位（见图5-12中1处），以V形反转的形式对当前交易日的另一个动态的成交量控制点的上方进行测试（见图5-12中2处）。

应该注意的是，我们只考虑到那些没有被测试过动态的成交量控制点。在这个例子中，我们看到其他的动态的成交量控制点已经测试过，因此不把它们当作目标价位，就像图中3处所示。

未回补的成交量控制点是指前面的交易日中没有经过测试的

成交量控制点。我们以前没有讨论过未回补的成交量控制点是因为它的用处几乎只作为一个可能的目标价位。与动态的成交量控制点不同，未回补的成交量控制点是交易日的最后一个成交量控制点。有统计数据表明，前几个交易日的成交量控制点在接下来交易日中被测试的概率很高。这就是为什么考虑成交量控制点是非常重要的事情。

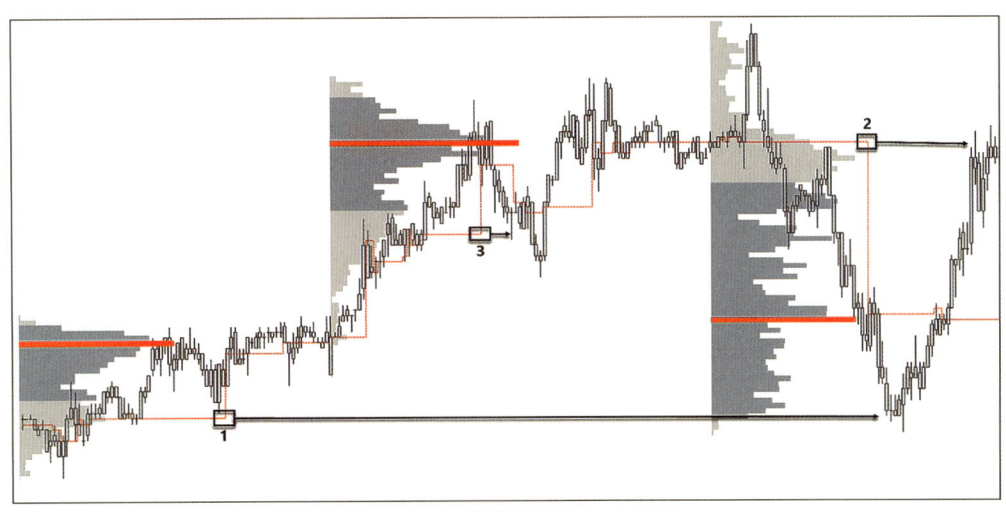

图5-12

在图5-13中，我们看到这些价格位置对价格产生的磁吸效应，甚至引发了随后的价格转折。

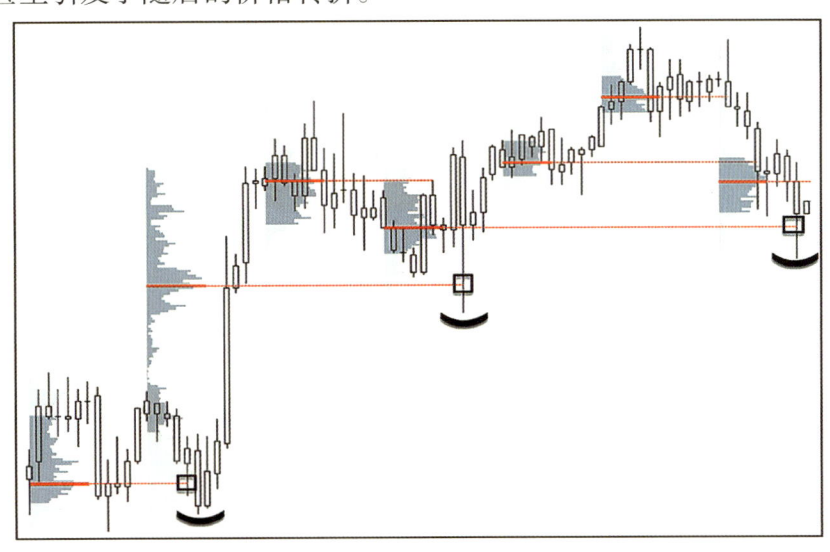

图5-13

在图5-12、图5-13中（用不同的图形联动展示需要的关键价位和目标设置），不同的设置用来组合显示不同的特征（动态的成交量控制点和未回补的成交量控制点）。我们建议同时使用这两个价位，因为其性质决定它们都代表以前的高成交量区域。

5.5 高级交易管理理念

在本节中，我们将介绍更复杂的关于市场分析和头寸管理的理念，这是我们准确理解所有工具的终极理念。

5.5.1 按照背景入场

除了传统入场类型之外，由于我们正在研究更深层次的内容，所以已经准备好解释更复杂的入场类型，我们称之为"按背景分析入场"。

这种入场方式要优先考虑结构发展及其背景。基于任何想法的决策都应该满足结构发展及其背景，这是市场最底层，也是最本质的特征。

与这个思路相结合，我们将借此机会回顾一下该方法中最重要的因素。

本质结构

这里要关注两个特别的地方。

1.因果法则。因果法则是指：显著的原因已经建立，即最重要的B阶段。

2.整体成交量在震荡开始之前，成交量如何在整个结构内进行分布是非常重要的特征，为我们分析市场增加了信息，作为一般规则，我们希望：累积结构中，成交量逐渐下降；派发结构中，出现高量或者异常值。

重要的市场行为

以下三个事件是我们在结构分析中应该寻找的关键行为。它们会依次出现，并且将决定我们如何分析与判断市场的方向。

1.假突破。我们将等待假突破的出现，因为假突破是市场上最重要的行为。

理想的情况是看到在结构的高点和低点出现突破，级别越大，程度越猛越好。

2.突破。如果突破是真的，有意向的K线就会出现，将价格带到结构的另一端，打破结构。我们在这里期望看到的K线形态是：K线较长，突破的时候伴随较大的成交量。

3.测试。突破的过程中，较高或较低的成交量都有可能发生。我们要根据供求关系判断市场运动是如何发生的。

第一，测试运动（交易者缺乏参与兴趣）的特征是：K线较短，曲折向上，成交量较低，低于突破的量能。

第二，测试后价格不会重新进入先前的范围，这表明前方突破可能是真实。其主要信号是，价格保持在前方结构范围之外，并且重新进入平衡区的过程失败。

到此为止，我们可以将市场的两个基本结构特征与三个可供操作的市场特征相结合，为我们提供最好的交易计划、背景分析以及入场机会。

但是在实际操作中，如果交易机会发生时我们不能及时在电脑前该怎么办？最好的办法是放弃交易。另一种办法是优先考虑背景的发展，而不是单纯依赖入场条件。这就是"按背景分析入场"的基本原理。即当我们分析之后，在整体背景下我们确认了市场都有利于我们，那么最后入场条件的触发就不那么重要了。

考虑市场背景是很好的选择，特别是当我们在分析中长期图形时。当涉及仓位管理时，可以应用金字塔类型的积极管理方式。如果我们不想一次投入对该标的的全部资金，我们可以将资金的入场分为两部分，根据"按背景分析入场"的想法进行第一次入场，随后在触发入场条件后全部入场。

在没有事先触发入场条件的情况下入场，我们可能很难确定止损价位。在这种情况下，如果真的发生了假突破，最明智的操作是把止损位放在结构的某个位置，例如，整个结构的二分之一处。

5.5.2 结构的成交量特征

成交量告诉我们市场中的参与者的信息。通过纵向对传统成交量的分析，以及横向对成交量分布的分析，我们能够确认结构从开始到结束的整个过程中参与者的成交意愿。

在每个市场结构中，初始位置的成交量特征是后续趋势产生的原因，而这种原因也会极大地影响市场背景。通俗的解释就是，在结构中关键位置产生的成交量越多，对未来价格走势的影响就越大。这一原则的基础即因果定律：原因（数量）越大，影响（价格变动）就越大。

这类理念可以作为工具来加深我们对市场的解读。我们认为成交量越大，控制力就越大。那么我们如何使用这种方法呢？我们可以用威科夫的另一大原则——努力与回报，尤其是在分析随后的价格走势时（见图5-14）。

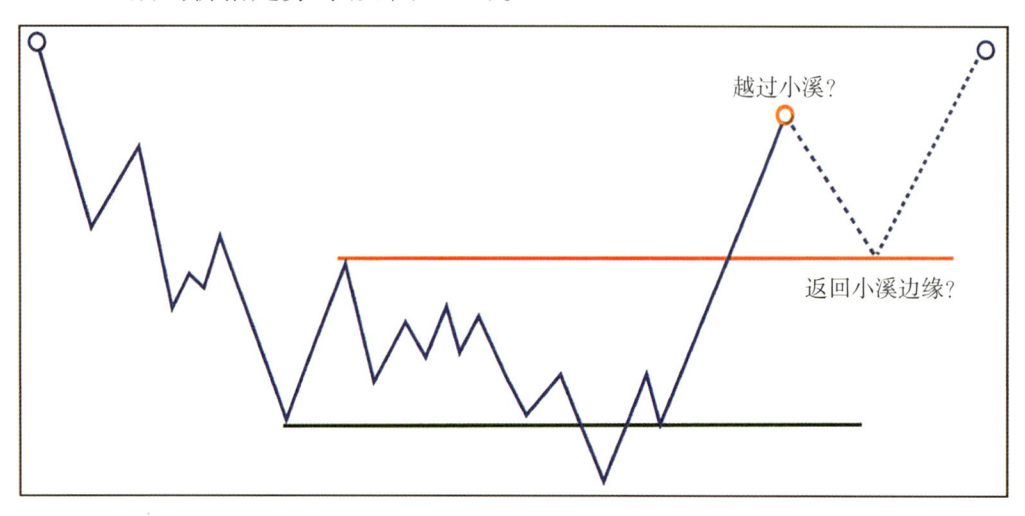

图5-14

我们记得：

1.如果要判断一个快速拉升的价格走势，我们期望这里出现较高的成交量。这表明一些机构在这里存在，并且价格在这里很容易延续。

2.如果价格在运动中，没有出现较高的成交量，这里很大概率没有机构参与。这种行为表明，价格是在走修正运动，或者看起来是快速拉升，也很可能在随后产生背离。

因此，在潜在的累积之后，价格很可能进入向上突破的状况。根据威科夫理论，如果所有的价格轨迹都与我们预期的一致，那么，当下的背景是价格越过小溪后返回小溪边缘的运动，可以通过突破确认结构的性质，并在那里等待市场开始在区间上方的趋势运动。

这里来重点分析越过小溪的过程。我们希望这里是累积过程，因此兴趣会随之提升。在回踩小溪边缘时，也不会产生很大的成交量。如果我们判断这里是回调而不是反向突破，我们希望这里没有放量，证明机构没有在这里参与。因此在这里的分析，订单流足迹图是一个重要的参考依据。为了确保趋势的延续以及突破的确定性，我们会仔细分析这里的量价关系。一旦不及预期，这里就会产生假突破，价格会重新回到先前的区间中（见图5-15）。

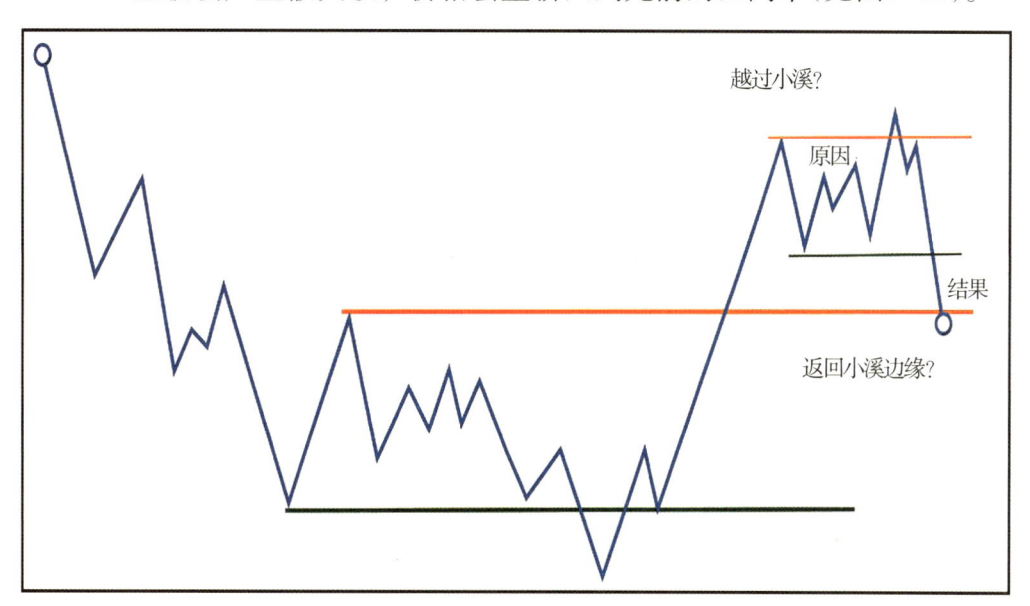

图5-15

另外一种假设，即我们可以分析在越过小溪后发生的不理想情况。首先这里形成一个小的派发结构，并且价格会测试小溪的边缘。根据因果法则,这是价格随后向下运动的原因,我们能够清晰地看到下跌由派发导致的,并且这两个过程组成了一个小型的完整结构。该结构将确定短期内市场参与者的兴趣,并且表明空头在当前的背景下控制市场。

所有的分析表明,一旦价格处于潜在的累积结构中,后续价格如果进行突破和测试,我们希望这里的测试是(时间上)快速的结构,而且不出现较大的成交量。

我们分析不同市场状况的目的在于识别理想结构的共同特征。长远来看,这些理想结构是成功率最大的。但是,对于上方结构的分析不代表下方的累积结构就可以忽视,因为累积后的价格反应才能表明市场随后概率最大的走势(见图5-16)。

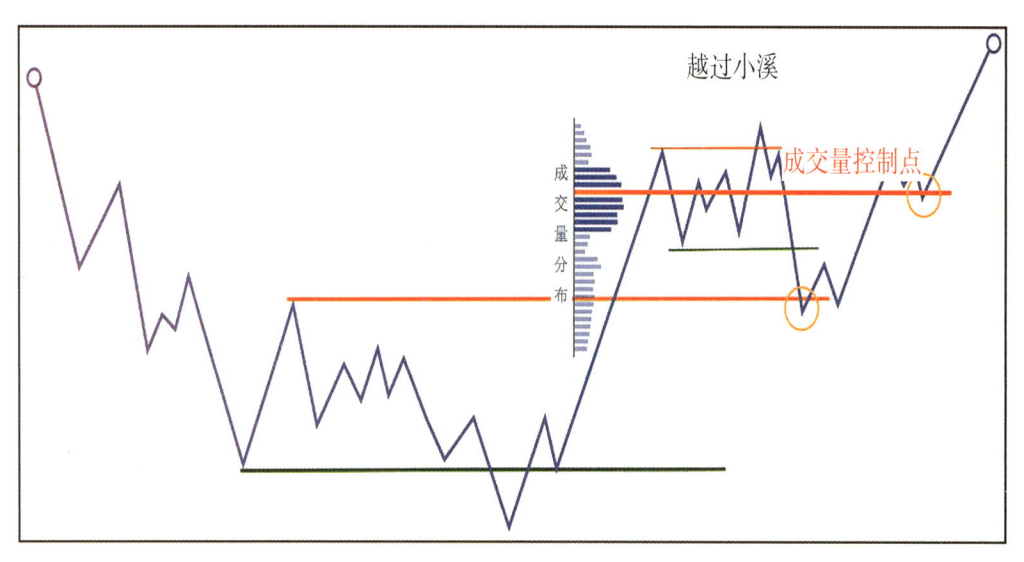

图5-16

在分析完越过小溪后,尽管价格可能按照第二种状况测试小溪边缘,但是不会进入之前的主要结构中。随后市场会继续保持向上的强势,因为不进入主要结构是趋势继续向上运动的表现。这里我们会面临入场的问题,我们有潜在大级别的累积结构,与此同时,子结构处于派发状态,表明市场暂时由空头控制。市场已经证实了短期的下跌,但站在更大的视角上,上涨趋势仍然没有被破坏。

我们可以有各种应对计划，例如不考虑这些信息直接入场，或者放弃交易，把资金留在场外。而我们更喜欢第三种方案，即市场突破小级别派发结构，因为价格突破这里代表派发结构失败，我们可以通过派发结构的成交量控制点来作为关键价位的参考。

这种结构已经引起了交易者的兴趣。有机构参与，并且短期内市场被空方控制。我们想要在潜在累积后的有利位置进场，但是不想面对小结构中不利于我们的空头趋势。解决方案是等待空头结构被突破，价格设法将运行到空头结构的成交量控制点之上。从那一刻起，就可以给交易带来信心，并开始寻找我们需要的入场机会。

5.5.3 优先考虑哪类价位：威科夫结构还是成交量分布

这是使用结构分析和成交量分布分析的交易都会面临的最大困惑。

一方面，我们知道识别结构两端的交易水平的重要性。这些价格拐点在拍卖理论的基础上创造了市场上最核心的交易区：流动性充沛的区域。我们知道，这些区域会产生供需失衡，从而为我们提供交易机会。

另一方面，我们在全书中都在强调市场中成交量的重要性，越来越多的大型交易者如何使用关键的交易水平来下单，从而产生新的流动性区域与失衡。

通过上述推理，我们就会理性地思考，哪些因素更重要，是基于结构本身的，还是成交量分布的。答案是两者都有。这两个视角下都创造了流动性区域，在买卖双方之间也创造了一个潜在的不平衡区域。简而言之，在两种视角下都可以为我们提供交易机会。

因此，我们的工作是找到所有需要的可供交易的价位，以便据此作出决定。最终价格会向我们确认在特定的市场条件下哪个位置更重要。我们不能主观提前预判市场，我们解读市场的方式要随机应变，机构交易者最后入场的痕迹才是我们进入市场的关键。

如图5-17所示，如果我们处于潜在的向上突破结构中，分析的重点是确定价格可能会到达的位置，并在测试环节再次确认。在向上突破的情况下，可参考的依据有：小溪结构、阻力变支撑结构、成交量分布价值区域高点。

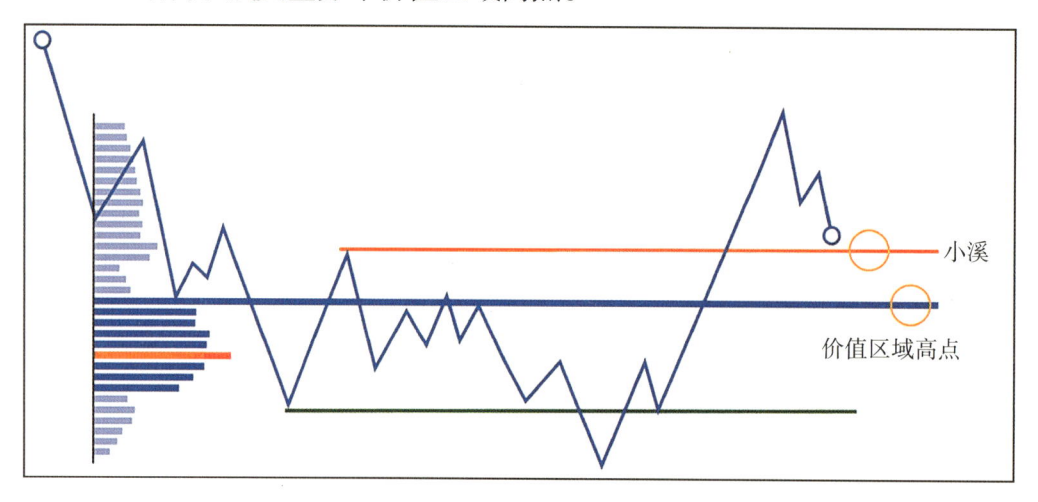

图5-17

完成上一步后，我们只需要分析在我们已经确定的那些关键位置上的市场行为，并寻找触发入场的因素。价格可能会达到我们的第一个交易位置，但没有触发交易，继续寻找第二个交易位置，这里可能触发交易或者没有入场机会。

没有哪个价位一定优于另一个价位。在某些情况下，根据市场条件，失衡将发生在威科夫结构中，而在其他情况下，它将发生在决定性的成交量分布中。市场交易的本质不是预测与猜测，而是跟随。

图5-18的问题是，市场留给我们的是什么特征，告诉我们价格寻找的是价值区域高点，而不是小溪。首先，市场将打破小溪的位置，从视觉上，我们可能是处于上冲回落，而不是真正的突破。随后的分析该如何进行？

首先，要客观地分析市场之前的行为以及留下的痕迹。要评估市场是否为我们提供了最好的条件（两个结构与三个行为），一旦确认，我们只需要观察价格到达价值区域高点的反应。如果触发入场条件，你应该进行交易。

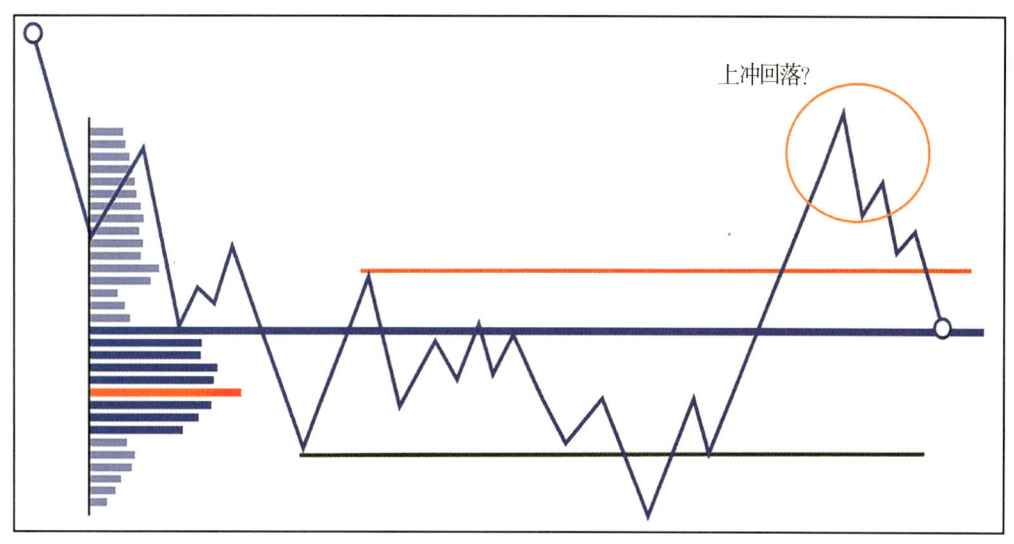

图5-18

但还有另一种选择。如果你没有信心确定价格会再次站上小溪，可以在价格再次站上关键位置后入场。换句话说，只有看到价格在价值区域高点上站稳并远离区间后，我们才会寻求入场机会。你可以等待新的机会出现或者直接进入市场。还有一种选择是应用金字塔形管理方式：如果在价值区域高点上触发入场条件，我们将以总仓位的某个百分比进入，如果价格再次触发入场条件，我们可以将全部仓位入场（见图5-19）。

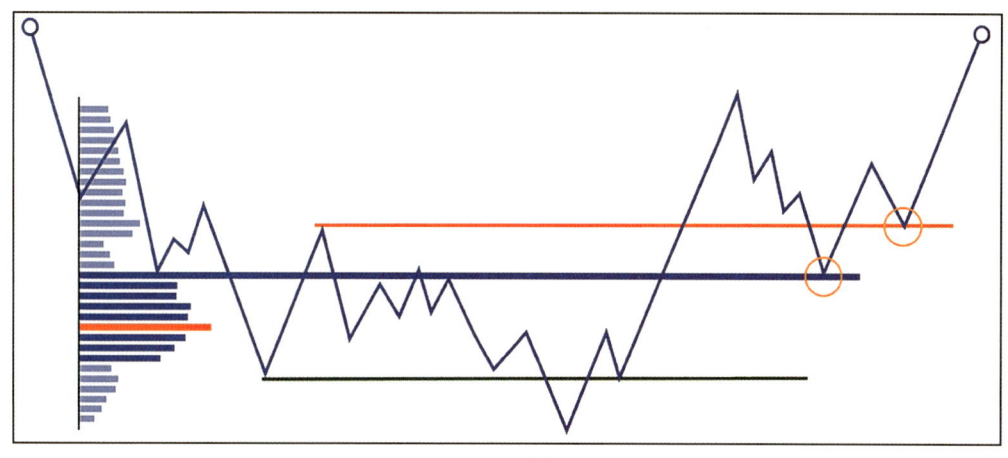

图5-19

6. 案例研究

在最后一部分，我们将详细介绍一些案例，将之前提出的理论付诸实践。

解释案例的意义在于，根据不同的实际情况来运用之前的分析框架。这就是在市场结构的发展中必须赋予的"灵活性"。

到目前为止，大多数读者应该已经理解，威科夫理论并不是机械地给价格走势做标注，而是客观地分析市场的走势（市场完成什么走势和没有完成什么走势），以便判断哪方能控制市场。

另外，本章将进一步帮助读者了解成交量分布和订单流，以及它们是如何帮助你制订交易计划的。

6.1 欧元/美元

图6-1是欧元/美元在2020年7月2日、3日与6日的K线图。

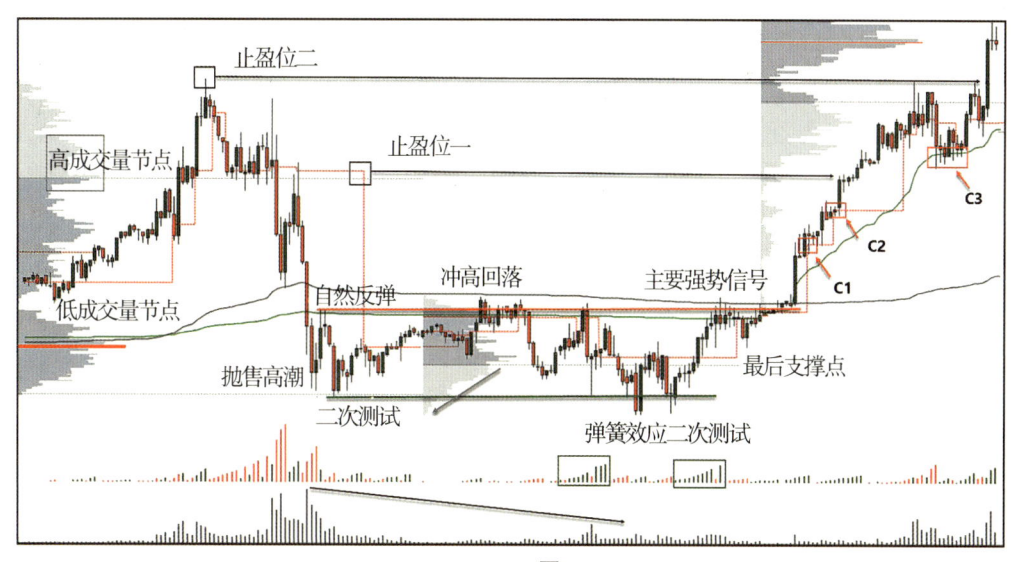

图6-1

区间背景：区间两侧的交易；趋势背景：远离价值区的交易。

这个例子中所有研究的内容都很有代表性，里面充满了有趣的细节。

图6-1中，首先我们看到下跌趋势停止（抛售高潮、自然反弹、二次测试），之后价格开始震荡整理。在B阶段，价格冲高回落已经通过测试结构的高点并传递了多头信号。结构的最高处，是第一天的成交量分布的低成交量节点。低成交量节点在这里反复充当拒绝区，导致价格转向，最后价格加速突破这里。弹簧效应加上再次测试使得市场发生了失衡并开始快速上涨。

图6-2，将潜在的弹簧效应与再次测试的细节放大，深入观察这部分足迹图，可以看到Delta上的变化（-240到+183），这表示Delta的变化是有利于买方的。在前半段的价格行为中，尽管我们想要寻找吸收过程的出现，但是仅仅看到下跌的K线（-240）并不能展现明确的吸收过程。理论上的模式不可能每次都以相同的方式表现出来，这个案例完美地体现了市场的灵活性与随机应变市场的必要性。

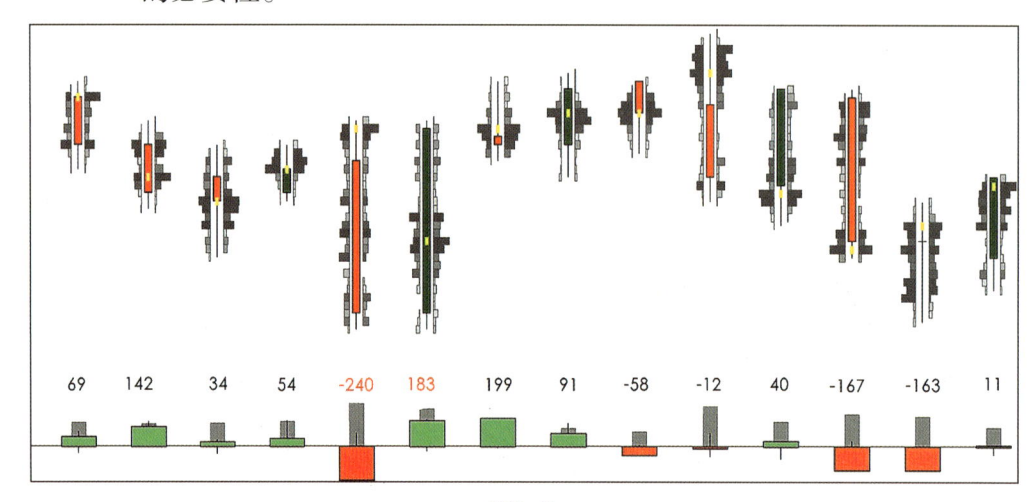

图6-2

除了没有看到潜在的吸收过程之外，我们还看到在连续的下跌K线和高成交量之后，价格没有延续下跌，而且掉头向上（努力没有结果）。

这里能清楚地看到，随后发生的价格走势是由一方的控制和不断地测试构成的。控制行为体现在上涨K线里成交量最大的区域。价格在该区域向前运行并测试，继续产生失衡信号，从而继续保持上升趋势。

除了在给定价格区间内讨论的价格动态之外，我们还可以观察到成交量的其他信号，比如成交量的减少，出现更多的上涨波浪；当天结束后可以为之后的分析构建成交量分布等。因此这里的成交量特征预示着潜在拍卖的完成和潜在的弹簧效应，这是一个非常有趣的信号，我们可以认为这里价格缺乏继续下跌的倾向。

另外，值得注意的是，一旦价格远离价值区域并处于上涨背景下，价格就会延续。这里成交量控制点向上抬升也是支持我们入场的一个理由。我们看到图6-1中，在成交量控制点向上抬升之后，价格继续向上（C1和C2）。在随后的（C3）中，市场将测试关键位置、周成交量加权移动平均价，并在那里测试后继续上升趋势。

关于出场目标，第一个目标止盈位是之前的高成交量节点，这个位置也曾经是一个动态的成交量控制点。如果没有观察到其他成交量特征作为参考，第二个目标止盈位将是前高点，这也是具有流动性的地方。

6.2 英镑/美元

图6-3为英镑/美元在2020年6月29日至7月3日的交易图。

区间背景：区间内部交易；趋势背景：价值区内的交易。

分析的背景设置为前一周的成交量分布。我们强调过，交易者应当自由地选择交易周期设置。重要的是，为了避免出现混乱，我们使用成交量分布的周期应当与后续对应分析的周期相一致。

在第一个红色方框中，我们处于一个潜在的交易位置并等待交易信号触发入场条件。当前，价格在价值区域内，且在成交量分布的成交量控制点上方波动，所以认为上涨可以延续。

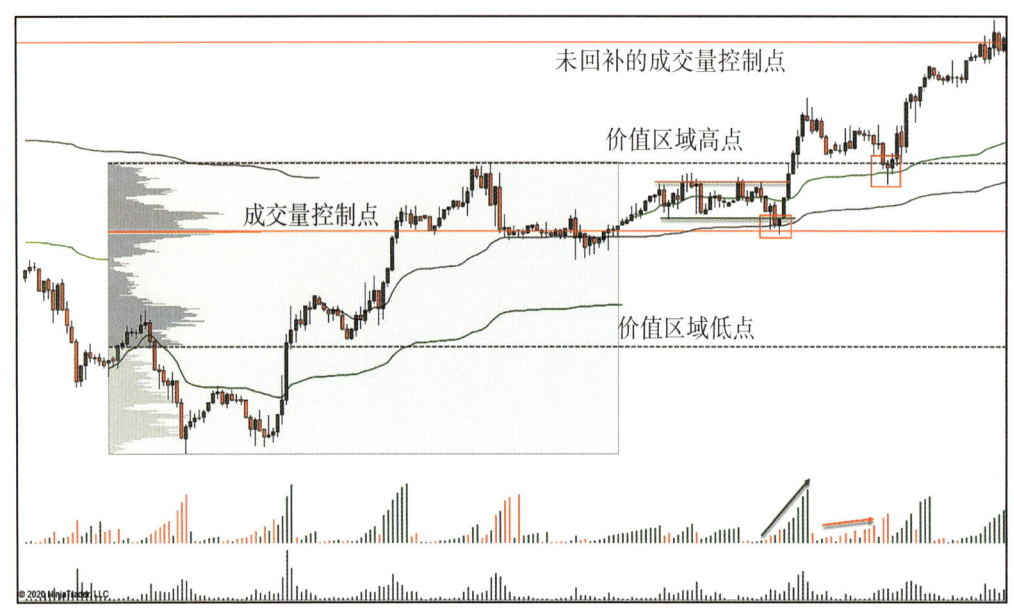

图6-3

同时，价格在这里发展出一个次级结构，潜在的弹簧效应和测试位置重合。此后，它产生了第一个向上的失衡，导致成交量分布的价值区间上沿被打破。看涨形态非常显著，标志着交易者高度参与的突破现象；随后的调整过程成交量迅速下降，表示交易者在这里缺乏兴趣。

在突破走势结束的时候，结合我们的结构分析，判断上涨仍将延续。因为我们观察到了一个小的累积结构，而且它已经成功地向上突破。这里的走势提示我们，市场的控制权是站在买方一边的。

回顾交易计划上的问题，我们已经解决了第一点：要做什么，是买入还是卖出？这里我们做出的判断是买入。现在需要回答第二点：在哪里买入？我们需要确定入场的位置。在这个例子中，出现了非常重要的共振区：成交量分布图上的价值区域高点、周成交量加权移动平均价（绿线）和之前累积结构的上端。

清楚了第二点后，我们进入第三部分，也就是交易计划的制订。我们已经知道入场的位置，只需要等待价格运动到我们的交易区域。

我们来看图6-4中第二个红色方框的细节，当价格到达合理位置时，我们将等待价格触发入场条件，这是第四步交易管理的一部分。在这个例子中，我们使用足迹图（见图6-4）来观察订单流的深度变化，我们看到买方积极入场，这两根K线的Delta值分别为685和793，同时在主动买入一侧出现了失衡。此时我们已经完成了我们的交易计划的所有步骤，最后准备下单入场。

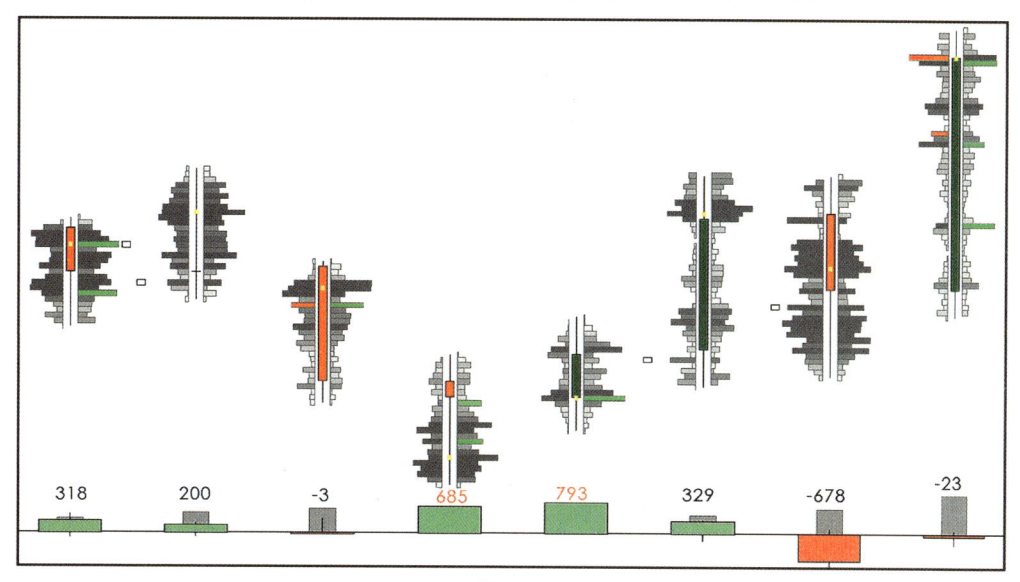

图6-4

仓位管理的建议是，在突破处委托一个买入止损单（进场条件单，达到入场价位后市价买入），止损设置在方框内最低的K线的低点。回到图6-3，我们需要确定潜在的获利了结位置，如果没有，则需要确定一个先前的高点，来寻找一个明确的具有流动性的区域。在这种情况下，可以向左将找到一个尚未测试过的成交量控制点（未回补的成交量控制点）。

6.3 迷你标普期货合约

图6-5是迷你标普期货合约在2020年7月17日的走势图。

区间背景：区间内部交易；交易原则：上涨反转。

在第一张15分钟级别的K线图中，价格跌破了前一天价值区域的低点，产生了新的价值区间。

除非有大级别周期背景的支持，我们认为下跌趋势可以延续，我们应当在价格测试上一交易日成交量分布的价值区域低点时做空入场（见图6-5）。

图6-5

相反，我们看到的是，价格重新进入价值区域，但是价格没能继续下跌，反而价格在整个区间底部进行向下的假突破后向上运行。这里可以看到具体问题具体分析，以及持续对价格走势评估的重要性。

仔细观察图形，可以看到在价格重新进入价值区域后，价格回调到成交量加权移动平均价收敛的区域。因为这个测试略低于价值区域低点，我们不认为这里就是最好的买入信号。

但是当价格站上价值区域低点时，机会就出现了，在下面这张时间周期更短（5分钟）的图形中（见图6-6），我们可以更清楚地看到这个动作。威科夫理论的结构在这里更容易被识别。虽然这里不是典型的下跌停止阶段，但我们看到了价格横向发展的过程和弹簧效应与测试，这是向上突破的原因。波浪指标表明了这里有很强的支撑力度。突破之后，价格没有重新回到红绿线构建的价格范围。

图6-6

此时价格处于潜在的返回小溪上沿的状态，只需要等待向上失衡出现后触发入场条件。我们应当在足迹图上去寻找失衡的转折形态，以便投机者开仓买入。

我们来观察方框中的情况。除了视觉上可见的吸收特征外，上涨K线中的失衡现象是更重要的，与此同时成交量相对高于平均水平，Delta也是短期相对最大的一根。在得到这些信息后，可以在这里入场了。

作为止盈目标，我们首先会选择价值区域的另一端，在本例中是价值区域的高点，从图6-7中可以看出，这个位置也与之前的成交量控制点区域相交。

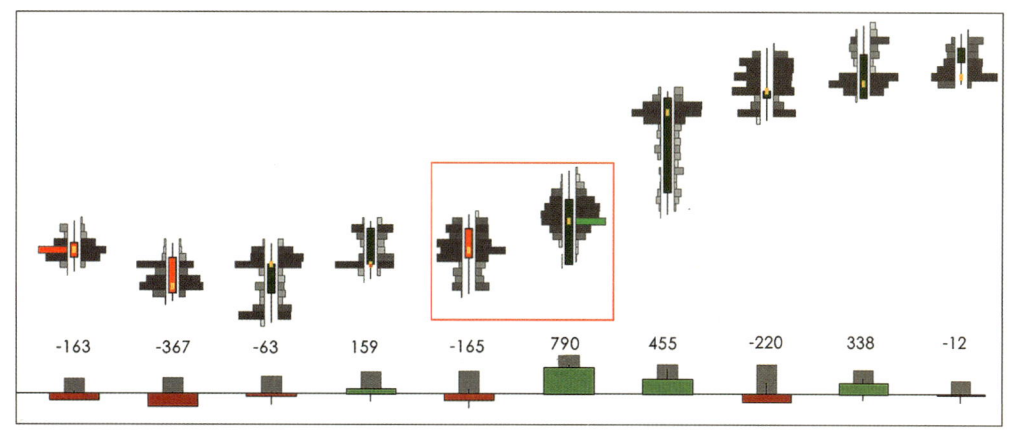

图6-7

6.4 美元/加元

图6-8为美元/加元在2020年7月22日走势图。

区间背景：区间两侧位置的交易。

图6-8

第二天开始后，价格运行区间在前一天的价值区域内，并且开始横向发展，这时买卖双方的力量是平衡的。此时市场交易者对价位没有太大分歧，导致价格围绕这个区间持续波动。

在这样的背景下，假设市场继续处于平衡状态，没有新的信息改变市场的预期、改变交易者对标的价格的评估，我们的操作原则是寻找区间两侧的价格回归。也就是说，在价值区域的高点逢高卖出，在价值区域的低点逢低买入。

这时，我们再来设定交易计划。如果我们知道交易的方向（买入或卖出），我们将等待价格到达合适的位置后入场。我们需要提前制订交易计划，而不是被动地跟着价格和趋势走。

在图形上可以看到，价格最终将访问价值区域的底部。它进行了一次非常精确的测试，价格从这里开始向反方向移动。这种运动在威科夫理论中被称为潜在的弹簧效应（价格在两天内构筑的小结构中试探底部）。

最后一步，利用订单流的可视化优势确认价格是否触发了入场条件。此时价格处在正确的位置，并且我们知道价格在转折之前会用一定的时间进行整理，甚至继续下跌，我们需要看到主动买入失衡的出现(潜在的弹簧效应位置)(见图6-9)，才能确定入场信号。

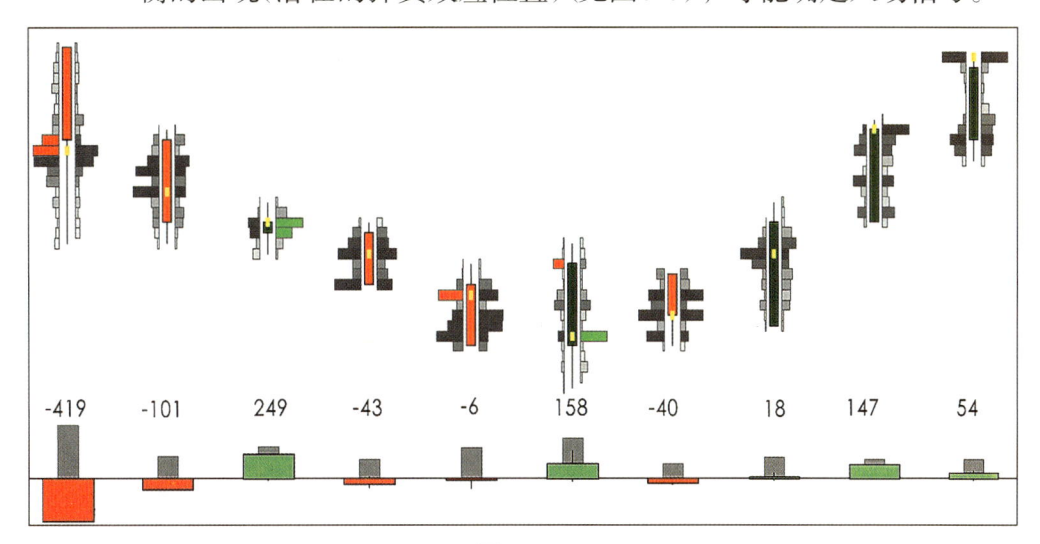

图6-9

随后价格走向了区间的另外一个端点，并穿越了整个价值区域。这是一个根据80%市场分布原则进行交易的例子。该原则表明：如果价格试图突破一个价值区域失败后而产生相反走势的时候，价格有80%的机会到达价值区域的另一端。虽然这个策略是为市场分布设计的，出于理论的相似性，同样的原则也可以用于成交量分布。

因此，止盈目标非常明确：成交量分布中价值区域的高点。如果价格达到这一点，情况将非常有趣，因为我们的入场位置在潜在的弹簧效应处，并由失衡引发上升结构。因此，如果我们的分析是正确的，它会产生更多的上升运动。

这将是价格可能运行的路线图，当然，对价值区域高点的测试是我们的第一个止盈目标。在这里你可以决定退出交易或者部分止盈，但我们至少应该做的是保护我们的本金，把止损向上移动到入场点(也称为盈亏平衡点)。

6.5 英镑/美元

图6-10是英镑/美元在2020年8月3日的走势图。

趋势背景：在价值区间两侧的交易。

日内交易更倾向于使用短期背景，例如在本案例中使用前一交易日作为交易背景。

使用短期的交易窗口作为我们交易的背景，并不意味着忽略了威科夫的原则。它们在本质上是相同的，唯一的区别是时间级别的不同。

图6-10

任何有一定经验的威科夫交易者都可以确定一个结构，并标注这个结构中威科夫理论对应的事件。此外，当它被确定为进场区域时，优秀的交易者已经确定了一个新的结构。此时背景的重要性也得到展示，我们将根据价格的变化而选择交易的方向（买入或卖出）。

在这个例子中，最开始我们看到了派发结构，并倾向于潜在的下跌趋势。下一步将是确定在什么价格位置会触发入场条件。第一个值得注意的区域是成交量分布中的价值区域低点。

第二天的成交量分布中，价格是横向运动的，并在这里创造了新的价值区域。这个信号没有违背上一个成交量分布传递给我们的信息，并继续维持下跌结构。

一旦价格进入交易区间，我们会发现多个条件的聚合，一方面我们将测试上一个被打破的价值区域；同时这个运动可能形成新的震荡结构。

下一步就要去分析订单流图形，看看K线内部的具体状态，观察短期是否触发入场条件。

这里可以看到价格出现熊市反转，有很多主动卖出。在最后一根上涨的K线中，我们可以看到吸收的出现，其证据是成交量放大，出现主动买入失衡，但是价格没有继续上涨。

随后，大量的主动卖方参与（有很大的负delta），表明主动卖方的增加和潜在下跌过程的开始。下一个下跌的K线将作为卖方控制市场的确认，即：较长的K线实体，充分的成交量，并在低点收盘，我们在威科夫理论中称为弱势K线。

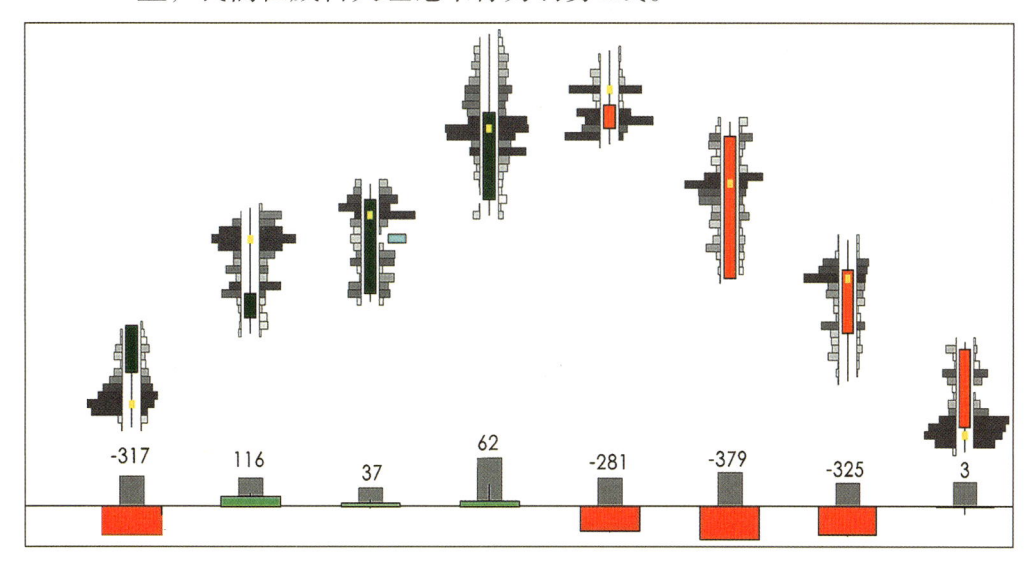

图6-11

图6-11非常具有启发性，在本例中的熊市反转，可以看到同样的价格，在图形中可以有多种价格行为。有时，吸收和主动买卖的过程会非常清楚，有时则不一定。鉴于我们处于一个特定的交易区域，并且有交易背景的支持，我们优先考虑主动过程来改变我们对市场潜在运动方向的预期，而不是在吸收的环节纠缠。

与吸收过程不同，主动过程的分析是必不可少的（对于分析订单流的交易者来说），因为最终我们在等待一方投机者的出现使市场发生失衡，并控制市场。

最后，止盈目标依旧设置在之前的成交量控制点，因为成交量控制点的本质是短期内的高换手区（流动性充沛的区域）。

6.6 欧元/美元

图6-12为欧元/美元在2020年8月31日的走势图。

区间背景：区间内部的交易，反转失败的原则。

图6-12

这种类型的交易通常会出现交易信心问题，因为最初我们看待市场的形态是反转，但是随后市场改变了我们的看法。

同样使用前一天的市场作为交易背景，在前一天，价格试图穿越价值区域低点离开价值区域，但是上升受阻并重新回到价值区域。所以我们按照反转原则开始寻找空头入场条件。

图6-12是一个完美的例子，它解释了为什么交易条件的设置是管理风险的必由之路，因为价格会在关键位置展开争夺，在这种决定性的区域，未来的走势是无法确定的，唯一可以控制的是

将风险降到最低。

如果在我们设定的交易水平内看到足迹图（见图6-13）中发生反转，至少可以及时做出两个决定。一方面，如果我们持有空头头寸，那么，我们要平仓，避免触及止损，即使止损已经提高到盈亏平衡的位置。这种主动管理的过程是非常重要的，因为它能进一步降低风险，从市场上多赚取相应的利润。另一方面，如果考虑长期背景，可以基于这种失败反转后再次进场做多。

此时，有个细节是要考虑的。由于进入的触发点低于每周的成交量加权移动平均价，用较低的杠杆进行交易可能是一个不错的选择，例如在价差合约（CFD）市场。这个例子告诉我们，根据我们对交易的信心，可以评估在不同市场交易相同标的可能性。如果发现我们观察到的信息相互冲突，明智的做法是不要在期货这样的高杠杆市场进行交易；相反，去使用价差合约做一些低杠杆的交易。

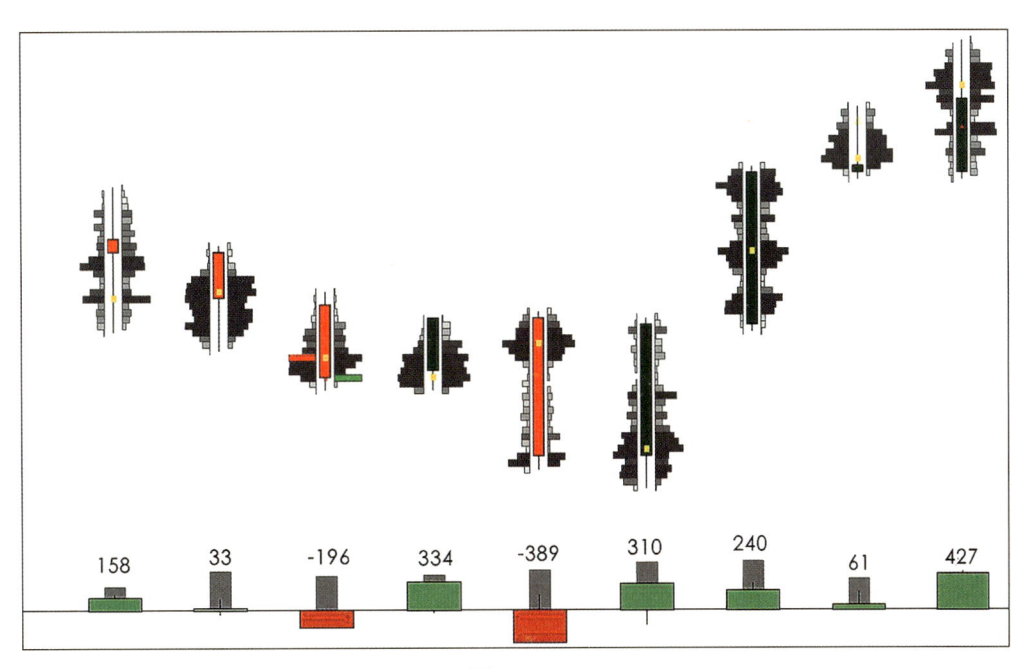

图6-13

如果进一步与不同的经纪人合作并在不同市场交易，那么需要重点注意的是不要把自己的交易置于某种特定的交易类型中。

我们可能想在期货市场上进行有关资产的短期投机交易，这与在较长时间级别中利用价差合约进行中期交易并不矛盾；我们还可以利用行业或指数ETF基金等进行长期投资。

整本书中探讨的交易理论最本质的优势就是它的普适性。我们提出的理论基于市场的真正驱动力，即买卖双方之间的持续博弈；并且对各种资产和各种时间级别都有效；唯一的要求是资产有足够的流动性。

译者后记

技术分析发展的历史已经有100余年，大体可以分为三个阶段。

技术分析1.0时代是1950年以前以传统的图形为基础的结构理论时代，其代表人物为道、艾略特、江恩、威科夫。这四个人为市场留下的完备的结构化理论，影响了近代的交易历史。

技术分析2.0时代，也就是计算机时代来临后，考夫曼、约翰·布林、阿佩尔、格兰维尔、怀尔德、拉瑞·威廉姆斯等交易大师根据量价关系的数学特征发明了经典的技术分析指标，这也是近代数量化研究市场的起点。

进入新世纪后，随着数据处理能力的提高，技术分析进入3.0时代，以高频数据为基础，衍生出订单流分析体系，实现真正的高频因子低频化。

交易是一门实践课程，随着金融科技和量化时代的来临，对交易知识的学习应当更加完备，纯粹的统计方法已经很难获得更高的超额收益。从市场的本质出发，结合金融科技的技术拓展，应当是未来投资发展的必由之路。譬如，技术指标的构建理应按照市场的四个维度分类：基本要素(量价时)、成交方向(买卖)、展示方向(横纵)、数据精细度。所有衍生指标只是对应维度的数学产物，比如均线只是价格的一阶矩，波动率是价格的二阶矩等，而当下的体系并没有解决系统性分类和因子爆炸的问题。

目前，从高等院校的角度出发，专业投资人才的培养体系更多以宏观分析、行业分析、财务分析为主，专业的交易理论课程暂未涉及，但是在国外高等院校早已广泛开展了微观市场结构与证券交易实践的课程，而国内关于订单流工具的系统性书籍目前只有一本，在翻译此书的过程中，我深感作者涉猎之全面、认知之完备、描述之严谨，不仅介绍了交易的内在逻辑与交易机制，还用通俗的语言介绍了完备的交易分析体系与先进的技术工具，在金融学理论中更对有效市场假说与适应性假说的关系、传播学、拍卖理论、微观市场结构理论都有深刻的见解。综上，本书是作者在威科夫理论的基础上，结合订单流足迹图与成交量分布，将传统的理论与现代化工具进行结合展示的产物，能对交易实践起到绝佳的作用，希望能对广大投资者有所裨益。

行走的阿尔法

《订单流交易》

订单流是一种动态、实时的观测市场演化的分析方法。它的独一无二之处在于，通过市场自身走势，让我们清晰地看见谁在控制着市场。

订单流的关键要素是价格，以及每一个主动买单量和主动卖单量。当这些信息经过整理，呈现在你眼前的时候，你就能很清晰地看出市场中的强弱关系。每一次价格的上涨和下跌都取决于供需双方的共同作用。

订单流让投资者能以最快的速度读懂供需关系，了解市场参与者的心理，侦测和识别主力订单的流量，掌握多空双方的博弈过程，清楚不同价位中主动买单量和主动卖单量的对比，从而知道趋势是否会延续和反转，避免交易中的随意性。

订单流通过市场微观结构描述了价格的形成过程，反映了最真实的买卖博弈。订单流的思路就是从每一笔交易中理解这种微观过程，从精细的交易数据中挖掘市场带来的信息、情绪和真实的买卖力量对比。

市面上关于交易的书籍大多是从K线视角出发的，然而市场在进化，K线包含的信息越来越满足不了现代化的交易，这就需要我们带上"显微镜"去观察盘中每一笔交易包含的信息。《订单流交易》正是一本通过这个视角来了解交易的通俗易懂的书，作者用多年机构投资的经验带领大家走进微观视角的交易世界，无论交易者的思路是传统的技术分析、基本面分析，还是前沿的人工智能、机器学习、高频交易等，这本书都值得阅读和珍藏！